RECLUSOS ESTRANGEIROS:
Um Estudo Exploratório

JOÃO LUÍS MORAES ROCHA

RECLUSOS ESTRANGEIROS:
Um Estudo Exploratório

Prefácio
de
CÂNDIDO DA AGRA

ALMEDINA

TÍTULO:	RECLUSOS ESTRANGEIROS: UM ESTUDO EXPLORATÓRIO
AUTOR	JOÃO LUÍS MORAES ROCHA
EDITOR:	LIVRARIA ALMEDINA – COIMBRA www.almedina.net
LIVRARIAS:	LIVRARIA ALMEDINA ARCO DE ALMEDINA, 15 TELEF. 239 851900 FAX 239 851901 3004-509 COIMBRA – PORTUGAL
	LIVRARIA ALMEDINA – PORTO R. DE CEUTA, 79 TELEF. 22 2059773 FAX 22 2039497 4050-191 PORTO – PORTUGAL
	EDIÇÕES GLOBO, LDA. R. S. FILIPE NERY, 37-A (AO RATO) TELEF. 21 3857619 FAX 21 3844661 1250-225 LISBOA – PORTUGAL
	LIVRARIA ALMEDINA ATRIUM SALDANHA LOJA 31 PRAÇA DUQUE DE SALDANHA, 1 TELEF. 21 3712690 atrium@almedina.net
EXECUÇÃO GRÁFICA:	G.C. – GRÁFICA DE COIMBRA, LDA. PALHEIRA – ASSAFARGE 3001-453 COIMBRA E-mail: producao@graficadecoimbra.pt
	MARÇO, 2001
DEPÓSITO LEGAL:	162051/01

Toda a reprodução desta obra, por fotocópia ou outro qualquer processo, sem prévia autorização escrita do Editor, é ilícita e passível de procedimento judicial contra o infractor.

PREFÁCIO

Por Cândido da Agra *

Enfim, um trabalho que dá início ao estudo sistemático sobre uma nova realidade das prisões portuguesas: os reclusos estrangeiros. Saúdo, pois, a iniciativa do Dr. João Luís Moraes Rocha. Por três razões: em primeiro lugar porque ela inaugura, no nosso país, um objecto de investigação criminológica até aqui inexplorado; depois, tratando-se embora de um estudo exploratório, já nos esclarece sobre a dimensão sócio-demográfica e criminal do objecto de estudo; finalmente revela uma atitude, infelizmente rara entre nós, que é a vontade de conhecimento científico acerca da realidade sobre a qual se intervém.

Não basta dizer, inserir, reinserir, incluir... Palavras vãs se não for definida uma política acente no conhecimento deste novo facto e problema social. Saibamos, pois, problematizá-lo, desenvolvendo programas de investigação científica conceptual e metodologicamente sólidos.

A experiência humana problematiza espontaneamente o diferente. Problematiza a loucura, o consumo de substâncias, a expressão sexual, o crime. Problematiza o transcendente... Problematiza o estrangeiro. As formas como a humanidade se relaciona com o diferente revelam uma ambiguidade estrutural que oscila entre a rejeição e o fascínio a exclusão e a inclusão, entre a crença e o conhecimento. Nos contornos ambiguais do diferente projectamos nós a angústia imanente à relação

---

* Professor Catedrático da Faculdade de Direito da Universidade do Porto. Director da Escola de Criminologia da mesma Faculdade.

fundadora: eu-mundo-outro. O outro, na sua radical diferença, invoca e convoca a condição humana na sua raiz. Interpela-nos. O modo de conhecimento mais profundo do outro-estrangeiro é, pois, a análise hermenêutica. A Sociologia Simeliana iluminara, no alvor do séc. XX, a via interpretativa que conduz ao outro-estrangeiro enquanto significante: na cidade moderna cada um é estrangeiro no seio da sua própria sociedade. Já a Escola de Chicago, cujos principais trabalhos de investigação tiveram por objecto a imigração e a criminalidade (a imigração alemã e irlandesa no início do século XX, nos anos 20 a polaca e italiana e mais tarde, nos anos 50 a negra e hispano-americana), veio, pela via do pragmatismo, abrir uma fecunda linha de investigação sociológica, epistemologicamente situada entre a análise hermenêutica e a observação empírica. Depois, quer na América do Norte quer na Europa os estudos sobre imigrantes quedaram-se, na sua maioria, pelo conhecimento descritivo do de-fora do fenómeno. Para esconder, não raras vezes sobre as aparências da ciência, posições politico-ideológicas, atitudes e crenças míticas que, ao serviço do pensamento anímico, transformam o fenómeno de imigração em "bode expiatório" dos problemas emergentes da estrutura, do funcionamento e das flutuações das sociedades.

Durante os últimos vinte anos, Portugal, sendo um país tradicionalmente de emigração tornou-se país de imigração. Ideia banalíssima. Todos a ouvimos, todos a dizemos. Todos os dias. Qual o sentido desta intensificação recente do discurso sobre a imigração? Já sabíamos. Porque só agora dizemos? Chegou o tempo da problematização. A imigração tornou-se um fenómeno política e socialmente visível. Por isso dizível e num campo enunciativo onde também a insegurança é dita. Criadas estão as condições para que o animismo, minado por erros epistemológicos que curto-circuitam a intervenção do pensamento crítico, estabeleça uma relação causal entre imigração e insegurança. Criadas estão as condições para esconjurarmos, no sangue derramado do outro-estrangeiro, os males estruturais, funcionais e desenvolvimentais próprios da sociedade portuguesa dos últimos anos do século XX. Criadas estão as condições para que os abismos da ignorância invoquem os abismos da arrogância e em conjunto urdam os mais variados tipos de exorcismo (intervenção ritualizada baseada na crença) sobre o problema dos estrangeiros. De "lutas contra...", mergulhadas nas trevas, já temos de sobra. Veja-se o fenómeno da droga. Quem viu definidos, com rigor, os objectivos, os pressupostos teóricos, os métodos dos infindos programas de intervenção? Quem avaliou, cientificamente, os seus resultados? Ignorabimus.

É, pois, hora de o pensamento crítico se mobilizar em torno do problema dos estrangeiros e sobre ele produzir sólido conhecimento que possa fundar políticas de intervenção esclarecidas. Temos, diante de nós, o exemplo da Escola de Chicago: sobre o mesmo problema convergiram diferentes modos de conhecimento (a interpretação, a explicação, a descrição), diferentes métodos e técnicas (biográficas, etnológicas, técnicas de inquérito, etc). As dimensões a esclarecer exigem essa diversidade. Há que esclarecer o-de-fora do fenómeno: as variáveis sócio-demográficas e culturais; as trajectórias normativas e desviantes e seus contextos institucionais (família, escola, trabalho, polícias, tribunais, prisões, etc.). Esta linha de investigação convoca, de preferência, as técnicas de inquérito ao serviço da caracterização dos traços diferenciais que, no seu conjunto, constituem a identidade do fenómeno. Uma segunda linha de investigação dirige- -se ao seu de-dentro, ao sentido, à significação de um sistema existencial que num estado se desorganiza, noutro estado se reorganiza, na transplantação de um sistema cultural para um outro. Aqui é fundamental a análise empírico-hermenêutica. A fenomenologia é a via real. A terceira linha explora a experiência que tem a sociedade dos seus estrangeiros. E, desde logo, aqueles que mais directamente com eles se relacionam, designadamente nos espaços de reclusão. A estratégia consiste em inserir, integrar? Como, sem um trabalho de apropriação, análise e transformação das atitudes e valores que enformam a nossa experiência cultural do estrangeiro? Enfim, a construção de uma teoria ou teorias capazes de integrar conceptualmente os enunciados descritivos, explicativos e interpretativos relativos ao de-fora, ao de-dentro do fenómeno e à sua experiência cultural.

Apresentamos, através das considerações que temos vindo a elaborar, um programa de investigação sobre o problema dos estran-

geiros. O estudo da sua dimensão criminal está a iniciar-se na Escola de Criminologia da Faculdade de Direito da Universidade do Porto. O programa de investigação compreende as quatro linhas que acima ficaram expostas: variáveis sócio-demográficas e culturais dos estrangeiros nas prisões portuguesas; os estados de evolução dos sistemas de vida do estrangeiro recluído e suas significações; a experiência dos actores de reinserção social relativamente a este tipo de presos; teoria do desviante estrangeiro.

Universidade do Porto
Fevereiro de 2001

NOTA PRÉVIA

A criminalidade, pela sua presença no quotidiano do cidadão, deixou de ser um problema que apenas diz respeito às polícias e aos tribunais, a questão do crime na sociedade hodierna tem a ver com a *qualidade de vida*[1].

E, ao afectar a qualidade de vida, diz respeito a todos os cidadãos, independentemente da idade, sexo, raça, condição social ou económica, ..., diz respeito ao dia a dia de todos e ao futuro da comunidade.

Problema complexo e em constante evolução, o crime não é solucionável antes co-natural à própria sociedade e, como tal, uma questão perene que importa, sobretudo, minimizar e controlar.

Controlar a criminalidade pressupõe observar as suas manifestações, estudar e investigar as suas causas.

Multivariado e como se referiu, em constante mutação, o fenómeno crime permite diversas abordagens, e plurimos enfoques.

O presente escrito nasceu de uma investigação exploratória com vista a uma intervenção oral no encontro internacional levado a efeito no dia 19 de Maio de 2000, no Funchal, subordinado ao tema *Promoção da Inclusão Social Que estratégias?*

Porque a publicação da comunicação não é acessível ao público, tendo ficado confinada às actas do aludido encontro, de tiragem quase circunscrita aos participantes, entendi pertinente fazer uma revisão do texto original a fim de o trazer a público.

Reconheço os riscos desta decisão.

A investigação embora exploratória, justificaria outra extensão, a análise outro detalhe, as conclusões poderiam ter outro desenvolvimento.

---

[1] Neste sentido, a conclusão de Hagan, J., *Crime and Disrepute*, 1994, p. 170.

No entanto, todo o trabalho de investigação é efémero e, sobretudo, em domínios de constante e rápida evolução como o que nos ocupou.

A falta de estudos similares no nosso país e a necessidade de se tentar delinear o estado da situação foram motivos bastante para afastar a nossa reserva. Oxalá nos assista razão.

Lisboa
Dezembro de 2000.

SUMÁRIO

APRESENTAÇÃO
AGRADECIMENTOS
RELAÇÃO DOS QUADROS E GRÁFICOS

PARTE I – **ENQUADRAMENTO**

1. Conceito de estrangeiro (breve excurso histórico)
2. Estrangeiros em Portugal
3. Expulsões de cidadãos estrangeiros
4. Estrangeiros e delinquência
5. Estrangeiros que tipo de delinquência
6. Justificação do estudo exploratório
    6.1. Em geral
    6.2. Em particular

PARTE II – **METODOLOGIA**

1. Opção Metodológica
2. Tipo de Pesquisa
3. Descrição do Estudo
4. Amostra

PARTE III – **ANÁLISE DE DADOS**

1. Breve descrição das populações recluídas nos Estabelecimentos Prisionais
    1.1. População reclusa no EP Funchal
    1.2. População reclusa no EP Vale de Judeus
    1.3. População reclusa no EP Tires
2. Análise da informação recolhida nos questionários
    2.1. População estrangeira feminina reclusa no EP do Funchal
    2.2. População estrangeira masculina reclusa no EP do Funchal

2.3. População estrangeira reclusa no EP de Vale de Judeus
2.4. População estrangeira reclusa no EP de Tires
2.5. Síntese
    2.5.1. Reclusos estrangeiros oriundos de países africanos de expressão portuguesa
    2.5.2. Reclusos estrangeiros não oriundos de países africanos de expressão portuguesa

PARTE IV – **CONCLUSÕES**

1. A destacar do enquadramento geral
2. A destacar do estudo empírico

APRESENTAÇÃO

O cumprimento da pena de prisão é para o encarcerado um período de privações, de sofrimento e angústia.

Não sendo a população prisional homogénea, é provável que esse período de padecimento seja diferentemente sentido pelos reclusos de acordo com a especificidade de cada um.

Entre o carácter genérico desta população e a especificidade de cada recluso é possível encontrar grupos que pelas suas características se destacam do restante universo.

Um desses grupos é constituído pelos reclusos cidadãos de nacionalidade estrangeira e os apátridas.

Já se afirmou que para os reclusos estrangeiros existe uma "prisão dentro da prisão"[2], dado que as diferenças culturais e as diferenças do sistema onde eles se encontram recluídos funcionarem como uma barreira ou impedimento à sua inserção no restante universo prisional.

Considerando que a população de reclusos estrangeiros vem aumentando sistemática e acentuadamente nas prisões portuguesas, será justificado um estudo ao nível exploratório que possa esclarecer o dito universo a fim de melhor formular os problemas que suscite e justificar hipóteses que fundamentem estudos posteriores.

Esse estudo deverá ser inserido num conspecto mais lato em que perspective Portugal na actual conjuctura internacional como um país de imigração, indique sucintamente os problemas ligados à imigração ilegal e, ainda, forneça uma panorâmica da população prisional no nosso país, discriminando o tipo de crimes cometidos e as penas que lhes são concretamente atribuídas.

---

[2] Neste sentido, o estudo levado a efeito na Grã-Bretanha, de título *A Prison Within a Prison* publicado pelo Inner London Probation Service em 1998.

Assim, após o enquadramento geral do objecto do nosso estudo e da descrição sumária da nossa metodologia, apresentaremos uma síntese dos universos onde se leva a efeito o estudo empírico, seguindo-se os resultados da investigação, isto é, a específica observação – fonte da constatação dos fenómenos, das suas relações e das suas leis[3] –, destacando a análise das linhas de força dela resultante, uma breve conclusão enfatizando as principais ideias que emergem da pesquisa e sugerindo algumas perspectivas de investigação no sentido da etiologia dos mais impressivos padrões de desvio.

Funchal
Maio de 2000.

---

[3] Como bem enfatizou o positivismo, a observação é, em qualquer domínio da ciência, o ponto de partida de todo o método científico. Cf., v.g., Durkhein, E., *Les Régles de la Mèthode Sociologique*, 1895, pp. 20 a 58 ; De Greef, E., *Les Lois Sociologiques*, 1896, p. 50.

AGRADECIMENTOS

Um trabalho de investigação, mesmo de cariz assumidamente exploratório, constitui um desafio repleto de dificuldades.

Consoante se vai desbravando o terreno, novos e redobrados escolhos se descobrem. Tal paradoxo possui uma face sedutora, a da renovada novidade e, do mesmo passo, uma voragem preocupante, a exigência de tempo e mais tempo.

O presente estudo foi elaborado durante um período de tempo escandalosamente curto e nunca poderia ter sido concretizado sem o apoio e colaboração das instituições e pessoas a quem reconhecidamente agradeço:

- Direcção-Geral dos Serviços Prisionais (DGSP);

- Instituto de Reinserção Social (IRS);

- Serviço de Estrangeiros e Fronteiras (SEF);

- Aos Exm.os Directores dos Estabelecimentos Prisionais (EP) do Funchal, Vale de Judeus e de Tires;

- Aos Exm.os Técnicos do Instituto de Reinserção Social adstritos aos Estabelecimentos Prisionais do Funchal, de Vale de Judeus e de Tires, respectivamente;

- Ao Dr. Semedo Moreira, da DGSP, aos Dr.s Joaquim Pedro e Anabela Neves, do SEF, à Dr.ª Katerina Leacock, psicóloga do EP Funchal e à Dr.ª Susana Caires, pelos gráficos que constam do texto;

- Aos cidadãos estrangeiros reclusos que prontamente acederam responder aos questionários.

RELAÇÃO DOS QUADROS E GRÁFICOS

QUADRO 1 – Estrangeiros residentes em Portugal por anos 23
GRÁFICO 1 – Estrangeiros residentes em Portugal por anos 24
QUADRO 2 – Região de origem – 1996, 1997 25
QUADRO 3 – Região de origem – 1998 26
GRÁFICO 2 – Estrangeiros residentes em Portugal por anos, género e regiões
de origem 27
QUADRO 4 – Processos de expulsão administrativa 30
QUADRO 5 – Processos de expulsão administrativa entre 1996/1999 por nacio-
nalidades prevalecentes 31
QUADRO 6 – Reclusos existentes em 31 de Dezembro de 1999, segundo o sexo
e os escalões de idade por nacionalidade 34
QUADRO 7 – Reclusos estrangeiros preventivos segundo crime e idade, em
1999 36
QUADRO 8 – Reclusos estrangeiros condenados segundo crime e idade, em
1999 37
QUADRO 9 – Reclusos estrangeiros condenados por pena e sexo, em 1999 38
QUADRO 10 – Reclusos estrangeiros condenados por pena e idade, em 1999 39
QUADRO 11 – Reclusos condenados segundo o tipo de crime de 1995 a 1999 40
QUADRO 12 – Expulsões judiciais executadas entre 1996/1999 41
QUADRO 13 – Expulsões executadas por principais crimes entre 1996-1999 42
QUADRO 14 – Expulsão por nacionalidades no crime de tráfico de estupefa-
cientes entre 1996-1999 43
QUADRO 15 – Principais tipos de crime por nacionalidade prevalecente em 1998 46
QUADRO 16 – Quantidade de reclusos por 100.000 da totalidade da população
(anos de 1985 e 1995) 48
GRÁFICO 3 – Quantidade de reclusos por 100.000 da totalidade da população 50
QUADRO 17 – Taxa de ocupação nos Estabelecimentos Prisionais (anos 1970-
-1999) 51
QUADRO 18 – População prisional do EP Funchal de acordo com o sexo e a
nacionalidade entre Março/Abril de 2000 66
GRÁFICO 4 – População prisional de acordo com o género e a nacionalidade 66
QUADRO 19 – Reclusos condenados, segundo os crimes, sexo e idade no EP
do Funchal, em Abril de 2000 67
GRÁFICO 5 – Reclusos condenados, segundo os crimes no EP Funchal, Abril
de 2000 68
QUADRO 20 – População prisional do EP Vale de Judeus de acordo com a nacio-
nalidade entre Março/Abril de 2000 69

QUADRO 21 – Reclusos condenados, segundo os crimes e idade em Abril de
2000, no EP de Vale de Judeus 69

GRÁFICO 6 – Reclusos condenados, segundo os crimes, no EP de Vale de
Judeus, Abril de 2000 70

QUADRO 22 – População prisional do EP de Tires de acordo com a naciona-
lidade 70

QUADRO 23 – Reclusas condenadas, segundo os crimes no EP Tires, Abril de
2000 71

GRÁFICO 7 – Reclusas condenadas segundo os crimes em Abril de 2000, no
EP Tires 71

PARTE I

ENQUADRAMENTO

1. Conceito de estrangeiro (breve excurso histórico)

O termo *estrangeiro* que deriva do latim *extraneus*, estranho, é utilizado em Criminologia num sentido amplo: significa todo aquele que é objecto de rejeição do circuito social dito *normal*[4]. Não é nesse sentido que será utilizado o termo, interessa para o nosso estudo o seu significado estrito, referido à nacionalidade. Ora, nacionalidade é o laço que une a pessoa a um Estado determinado. E, estrangeiro é não pertencer a uma determinada comunidade política, a um certo Estado.

Assim, estrangeiro é um conceito que tem por referência necessária uma comunidade estadual. A sua noção não coincide com a de raça dado que num determinado Estado podem coexistir diversas raças. Definindo-se pela negativa, é o indivíduo que um determinado Estado não reconhece como seu nacional. É, portanto, estrangeiro para um determinado Estado aquele que possui a cidadania de um outro Estado e, ainda, o apátrida, ou seja, quem não tem vínculo de cidadania com Estado algum. Este tipo de noção resulta de uma regra fundamental de direito internacional que atribui aos Estados a competência exclusiva para a determinação dos seus nacionais.

Ao longo da história a condição de estrangeiro foi passando por diversas vicissitudes: nas sociedades mais primitivas não lhe era reconhecido qualquer direito, sendo considerado como inimigo (*hostes*), era repudiado pela ordem estabelecida a qual obedecia ao princípio da exclusividade, isto é, a protecção comunitária apenas abrangia os seus. E, essa protecção era ainda a religiosa porque nesses tempos a religião

---

[4] Nesta acepção constitui um objecto de estudo privilegiado para a criminologia, mesmo para além da própria escola de Thorsten Sellin, George Vold, Ralf Dahrendorf, Austin Turk, Richard Chamberliss e Richard Quinney, e Jeferey Reiman, todos na perspectiva da teoria do conflito, seja conflito de culturas, conflito de grupos, conflito de classes,... Sobre o interesse incondicional do tema, cf., v.g., Kellens, G., *Éléments de Criminologie*, 1998, p. 157.

22 *Reclusos Estrangeiros: um estudo exploratório*

era um vínculo que só abrangia quem nascesse em determinado país, sendo os habitantes dos outros carentes da protecção dos deuses.

Com o fim do Império Romano, a formação de novos Estados e a difusão das ideias cristãs, começa a emergir o princípio do reconhecimento da personalidade jurídica do estrangeiro que, no entanto, vai retroceder no feudalismo dado a ligação estrita do homem à terra e ao seu senhor.

A Revolução Francesa, com a afirmação da igualdade de direitos entre todos os homens, vem encetar na legislação dos Estados europeus o reconhecimento do princípio da igualdade entre nacionais e estrangeiros no que toca ao gozo dos direitos civis, princípio este temperado pelo da reciprocidade: a igualdade só operava se vigorasse em ambos Estados.

Já no século XX, o estrangeiro recebe um estatuto próprio vindo do direito internacional, no qual, por um lado, se afasta a reciprocidade e, por outro, abrange os apátridas. Hoje, a tendência geral das legislações ocidentais, neste domínio, é o da equiparação em matéria de direitos públicos, não políticos, e de direitos privados[5].

Deste muito breve excurso histórico é possível concluir que os ordenamentos jurídicos nacionais e, sobretudo, em espaços pluriestatuais como seja a Comunidade Europeia, do mesmo passo com os instrumentos jurídicos internacionais, vêm anulando a exclusão que, historicamente, era elemento distintivo de estrangeiro.

2. Estrangeiros em Portugal

Em Portugal os estrangeiros sempre gozaram de uma política de protecção, nunca sendo significativos os atritos e as restrições que pontualmente e ao longo da história se verificavam[6].

---

[5] Pillet, N., *Principes de droit international privé*, Paris, p. 193, nota 2; Anzilotti, *Corso di lezzioni di diritto internationale (Diritto privato)*, 1919, p. 72; Villela, A., *Tratado Elementar de Direito International Privado*, L. I, 1921, p. 134.

[6] Por exemplo, no Portugal quatrocentista, a síntese de Moreno, B., "Manifestações de Exclusão e de Marginalidade Social no Portugal Quatrocentista", in *A Pobreza e a Marginalização Social do Séc. XV aos Nossos Dias*, 2000, pp. 26 e 27.

Embora sendo um país agradável de visitar, não apresentava, salvo momentos excepcionais da nossa história, condições que convidassem os estrangeiros a estabelecer-se com carácter permanente.

Se em meados do século XX, Portugal era um país de emigração[7], já na década de 70, com a independência das colónias africanas, passou a ser um país de "retorno" e, a partir dos anos 80, inserindo-se no desenvolvimento da Europa, passou a ser um país de imigração.

É elucidativo o crescimento do número de estrangeiros residentes em Portugal desde 1975 até 1998.

QUADRO 1 – **Estrangeiros residentes em Portugal por anos**

Anos	Estrangeiros
1975	31.983
1976	31.032
1977	35.414
1978	41.807
1979	47.189
1980	58.091
1981	62.692
1982	68.153
1983	79.015
1984	89.625
1985	79.594
1986	86.982
1987	89.778
1988	94.694
1989	101.011
1990	107.767
1991	113.978
1992	123.612
1993	136.932
1994	157.073
1995	168.316
1996	172.912
1997	175.263
1998	177.774

Fontes: INE, Estatísticas Demográficas, 1997 e SEF,
Relatório Estatístico, 1998.

---

[7] Sobre o sentido dos termos emigração, imigração e migração, utilizados no texto, veja-se a síntese de Heer, D., "migration", in Kuper, A.; Kuper, J., (ed.) *The Social Science Encyclopedia*, 1999, pp. 538-540.

Note-se que a partir de 1986 o aumento de estrangeiros em Portugal é constante, sem qualquer quebra e, sobretudo, se a quisermos perspectivar no espaço temporal de um decénio, rápida[8]. Embora não exista nesta data os números oficiais para 1999 é possível prever a continuação do aumento em termos sensivelmente idêntico aos dos últimos anos.

Podemos, pois, afirmar que a partir da década de 80 Portugal passou a ser um país populacionalmente mais diversificado, com todas as vantagens que tal facto pode acarretar mas também com as dificuldades que as diferenças, em regra, ocasionam.

GRÁFICO 1 – Estrangeiros residentes em Portugal por anos

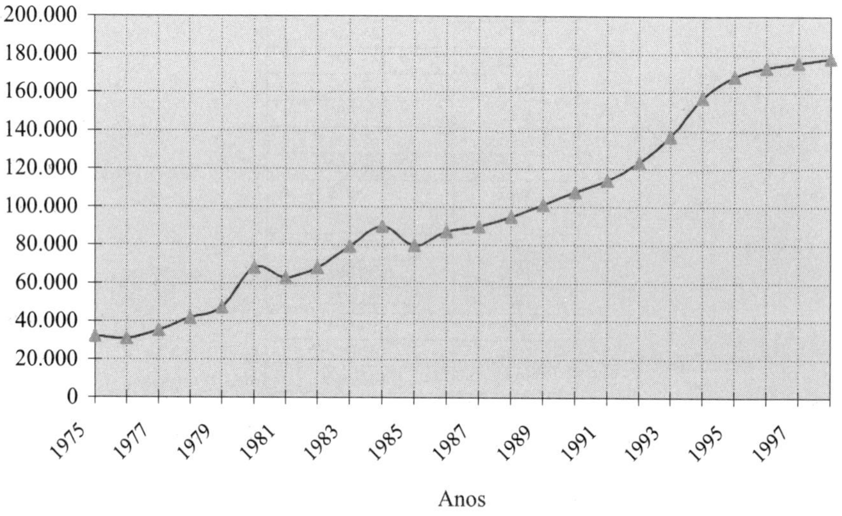

Anos

Fonte: Gráfico elaborado a partir dos dados do Quadro 1.

---

[8] Também as saídas de portugueses para o estrangeiro vai decrescer radicalmente neste mesmo período: se entre 1966 e 1970 saía 85900 indivíduos, entre 1971 e 1975 já só saíram 50800, entre 1976 e 1980 apenas saíram 18400, e entre 1981 a 1985 a saída reduz-se a 7200, decrescendo desde então a níveis menos acentuados.

Discriminando hoje os estrangeiros residentes em Portugal por região de origem é possível surpreender uma nítida prevalência oriunda do continente africano. Tal facto é, como já se referiu, indissociável do processo de descolonização das antigas colónias de África. Efectivamente, a proximidade cultural e linguística associada ao elevado crescimento demográfico naqueles novos países africanos, aos conflitos armados que aí têm perdurado e a debilidade daquelas economias, propiciam uma acentuada imigração para Portugal. Adite-se a solidariedade informal e a existência de um suporte de acolhimento derivado a laços familiares e de amizade e, por fim, a regra da multiplicação da população migrante: o efeito multiplicador por força do reagrupamento familiar e a busca de melhoria de condições de vida obtidas no estrangeiro resultante da opinião gerada no país de origem dos imigrantes.

Após o continente africano e em cerca de metade da população daquela origem, surge a Europa e, as américas Central e do Sul, com prevalência para o Brasil, sucedendo-se a América do Norte e, por enquanto, com expressão modesta a Ásia e, menor, a Oceânia.

A percentagem de apátridas vêm-se mantendo a um nível constante mas sem expressão quantitativa apreciável.

QUADRO 2 – Região de origem – 1996, 1997

	Total	Homens	Mulheres	Total	Homens	Mulheres
Total	172912	100987	71925	175263	102148	73115
Europa	47315	25527	21788	49747	26871	22876
África	81176	50242	30934	81717	50451	31266
América do Norte	10783	6163	4620	10573	6103	4470
América Central e do Sul	25733	14427	11306	25274	14084	11190
Ásia	7140	4210	2930	7192	4219	2973
Oceânia	487	264	223	487	268	219
Apátridas	278	154	124	273	152	121
Ano	31.12.96			31.12.97		

Fonte: INE, Estatísticas Demográficas, 1997.

Quadro 3 – Região de origem – 1998

	Total	Homens	Mulheres
Total	177774	103289	74485
Europa	52109	28149	23960
África	82467	50681	31786
América do Norte	10148	5890	4258
América Central e do Sul	24890	13846	11044
Ásia	7393	4297	3096
Oceânia	494	273	221
Apátridas	273	153	120
Ano	31.12.98		

Fonte: SEF, Relatório Estatístico, 1998.

Importa, ainda, recordar a não quantificação como estrangeiros de todos os angolanos, moçambicanos, guineenses, cabo-verdianos, santomeenses e indianos, sobretudo estes, que chegaram entre 1974 e 1980, dado que a legislação portuguesa lhes reconhecia o direito de opção pela nacionalidade portuguesa.

Aliás, toda esta população oriunda das antigas colónias portuguesas nunca foram encarados como estrangeiros, comparando-os com os cidadãos provenientes de outros países sem tradição lusófona.

Mas a mobilidade internacional no sentido da imigração para Portugal deve ser perspectivada num quadro mais amplo, de abertura e desenvolvimento da economia portuguesa, o qual demanda ou, pelo menos, favorece a entrada de profissionais qualificados, no âmbito das empresas transnacionais, a denominada imigração de elite, e, sobretudo, uma outra população de trabalhadores indiferenciados que vem colmatar certo tipo de funções menos prestigiadas como seja ao nível da construção civil[9].

---

[9] É interessante cruzar a distribuição geográfica dos imigrantes no território português e a respectiva origem ou, simplesmente, constatar a percentagem de estrangeiros nos diversos distritos e concelhos nacionais. Sobre o assunto, Malheiros, Jorge, *Imigrantes na Região de Lisboa Os Anos da Mudança*, 1996, pp. 60 e seg.

Com efeito, de acordo com dados do Instituto Nacional de Estatística [10] é possível surpreender, no que respeita a residência legal em 1993 o estabelecimento de um número significativo de cidadãos de Cabo-Verde (32.036) seguido, com apenas cerca de metade daquele número, do Brasil (15.731) e depois de menor expressão Reino Unido (9.629), Estados Unidos da América (8.117), Espanha (8.091), Angola (7.636), Guiné (6.538), Alemanha (5.790), Venezuela (5.014) e França (3.985).

GRÁFICO 2 – **Estrangeiros residentes em Portugal por anos, género e regiões de origem**

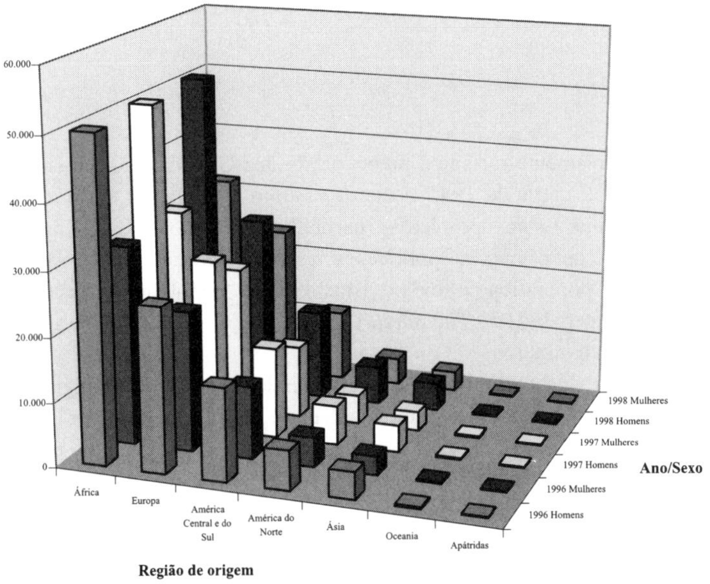

Fonte: Gráfico elaborado a partir dos dados dos Quadros 2 e 3.

No entanto, cumpre reconhecer a parcial "inexactidão" da precedente quantificação dado o elevado número de estrangeiros residentes em Portugal sem situação legal. E, será essa margem ilegal que parece ser mais significativa para o objecto do nosso estudo.

---

[10] INE, *Estatísticas Demográficas*, 1993.

Efectivamente, sendo o problema da imigração relativamente recente em Portugal, ainda não concitou por parte das autoridades a necessária atenção, desconhece-se uma política populacional em termos claros e expressos[11], dentro do grau de autonomia que Portugal dispõe[12] e que revela ou corresponde a uma tensão entre uma forte herança colonial e a necessidade de integração europeia. O que é agravado pelo facto de haver uma tradição ligada à emigração o que cria efeitos perversos no que toca à lucidez em encarar a questão da «outra face da moeda»[13], isto é, como país de imigração.

A descrição com que o tema é tratado em Portugal, tanto pelos políticos como pela opinião pública, contrasta com o que sucede na generalidade dos países europeus, onde tem originado acesas polémicas.

---

[11] É relativamente recente a preocupação dos Governos com a política populacional, apenas a partir de 1945 é que o assunto passa a ser encarado de forma autónoma em relação aos problemas particulares da mortalidade, natalidade ou migração, justificando opções políticas e estudos específicos. Sobre o assunto Zeidensteis, G., "population policy"; e, Bracher, M., "population projection", ambos in Kuper, A.; Kuper, J., (ed.) *The Social Science Encyclopedia*, 1999, a pp. 644-645 e 645-646, respectivamente.

[12] Sobre o assunto, embora apenas incidindo na política de imigração, Leitão, J., "The Portuguese Immigration Policy and The Kew European Order", in Baganha, M., (ed.), *Immigration in Southern Europe*, 1997, pp. 121-129; mais recentemente, Dupraz, P., Vieira, F., «Immigration et "modernité": Le Portugal entre héritage colonial et intégration européenne», in *Pôle Sud*, n.° 11 (1999), pp. 38-53.

[13] Sobre os portugueses migrantes veja-se os estudos de Almeida, C., et al., *Essai d'explications des récents développements du phénomène migratoire portugais, en rapport avec les structures économiques, sociales et politiques du pay*, 1968; Murteira, M., *Emigração e Política de Emprego em Portugal*, 1966; Nogueira, A., «A Emigração portuguesa – demissão ou tomada de consciência», in *Economia e Sociologia*, n.° 6 (1969); Trindade, M., «L'imigration portugaise», in *Hommes et Migrations*, n.° 105 (1966); idem, *Immigrés Portugais*, 1973; Leandro, M., *Au-delà des Apparences: l'Insertation Sociele des Portugais dans l'Agglomeration Parisienne*, 1992. No entanto, estes e outros estudos não são exaustivos e importa haver uma actualização constante, justificando-se plenamente publicações regulares como por exemplo existe em França a revista mensal *Hommes & Migrations*.

Parte I – Enquadramento 29

Cumpre advertir, desde já, que a problemática dos reclusos estrangeiros não pode [14] ser perspectivada apenas no sentido da imigração, esta é sem dúvida uma componente a ter em consideração mas não é de forma alguma exclusiva.

3. Expulsões de cidadãos estrangeiros

Complementando a panorâmica que resulta dos dados anteriormente fornecidos quanto ao número de estrangeiros residentes em Portugal, é possível elucidar o possível crescimento dessa população (agora na vertente ilegal), através das expulsões administrativas levadas a efeito pelo Serviço de Estrangeiros e Fronteiras [15]. Com este número teremos uma ideia aproximada da cifra negra, isto é, a relação entre os estrangeiros ilegais expulsos e os estrangeiros que embora ilegais não foram expulsos, estes possivelmente em maior número do que aqueles [16].

Reportando a análise ao período compreendido entre 1966 e 1999, verifica-se um aumento constante de processos de expulsão administrativa, se em 1996 havia 689 instaurados, em 1999 já existia um número significativamente superior de processos instaurados: 2.444.

Em apenas três anos o aumento de processos instaurados quase que quadruplicou e, recorde-se, estes são apenas os números oficiais...

---

[14] Aliás, muito importante na implantação internacional do crime organizado como lucidamente sublinham Raufer, X. , e Quére, S., *Le crime organisé*, 2000, p. 31.

[15] Partindo do pressuposto que existe uma relação entre o número de expulsões administrativas e o número de estrangeiros ilegais não expulsos. Esta relação é semelhante àquela entre a criminalidade aparente e a criminalidade real. Vd. Davidovitch, A., "Les statistiques criminelles descriptives", in *L'Equipement en Criminologie*, 1965; McClintock, F., «The Dark Figure» in *Collected Studies in Criminological Research*, vol. 4 (1970), pp. 7-34; Skogan, W., "Dimensions of the Dark Figure of Unreported Crime", in Kelly, D., *Criminal Behavior Readings in Criminology*, 1980, pp. 86-95 (na edição posterior desta obra, em 1990, não consta este estudo); e, num discurso menos científico mas actual, Maillard, J., *L'avenir du crime*, 1997, p. 21 a 27.

[16] Conforme seria possível retirar da relação criminalidade real e criminalidade oficial, a diferença entre ambas será uma "grande diferença", cf., Larguier, J., *Criminologie et science pénitentiaire*, 1994, p. 17. Ver, ainda, a nota precedente.

30   *Reclusos Estrangeiros: um estudo exploratório*

E, porventura, são os números que correspondem à força de resposta do Serviço de Estrangeiros e Fronteiras face a vaga crescente de imigração ilegal.

Esta realidade impõe que se conclua, com grande probabilidade, pela existência de um número substancial de população estrangeira em Portugal em situação ilegal [17]; e, por outro lado, que dessa população ilegal uma parte obtém a legalização da sua permanência em Portugal. Efectivamente, nem todos os processos de expulsão administrativa instaurados se traduzem em decisões de expulsão e, por seu turno, nem todas as decisões de expulsão são executadas.

QUADRO 4 – Processos de expulsão administrativa

ANOS	1996	1997	1998	1999
Processos Instaurados	689	—	906	2.444
Decisões de Expulsão	167	—	—	864
Expulsões Executadas	146	203	368	479

Fonte: Quadro elaborado a partir de dados fornecidos
pelo Serviço de Estrangeiros e Fronteiras, 2000.

Quanto às nacionalidades de proveniência dos estrangeiros sujeitos a processos de expulsão administrativa, é possível verificar nos anos de 96/97 uma prevalência da nacionalidade angolana que nos anos subsequentes 98/99 cede aos países do leste europeu: Moldávia e Ucrânia.

Importa realçar, no quadro das seis principais proveniências, a constância ao longo do tempo de um país, também do leste europeu, a Roménia que não terá uma especial afinidade (língua, cultura, ...) com Portugal, ao invés de outros países como Cabo Verde e o Brasil cuja expressão é de menor constância e grandeza [18].

---

[17] A migração irregular resulta ou do prolongamento da estadia para lá dos prazos legalmente fixados ou da migração clandestina.

[18] A apetência de países do leste europeu por Portugal como país de emigração, tendo em consideração o volume e rapidez da migração e face as características

Parte I – Enquadramento

QUADRO 5 – Processos de expulsão administrativa entre 1996/1999 por nacionalidades prevalecentes

ANOS	1996	1997	1998	1999
N A C I O N A L I D A D E S	Angola 14%	Angola 20,4%	Moldávia 20,4%	Moldávia 26,8%
	China 11,4%	Roménia 10%	Ucrânia 9,7%	Ucrânia 22,1%
	Paquistão 10,3%	Cabo Verde 9,1%	Angola 9,3%	Angola 8%
	Índia 8,1%	Guiné-Bissau 7,3%	Roménia 7,8%	Roménia 7,2%
	Roménia 7,6%	Marrocos 5,7%	Cabo Verde 6%	Cabo Verde 4,9%
	Senegal 8,1%	Brasil 4,2%	Marrocos 5,8%	Brasil 4,9%

Fonte: Quadro elaborado a partir de dados fornecidos
pelo Serviço de Estrangeiros e Fronteiras, 2000.

Nota: As percentagens referem-se à totalidade dos processos de expulsão administrativa em cada ano.

4. Estrangeiros e delinquência

No século XIX os estudos sobre a criminalidade em Portugal concediam um papel quase irrelevante ao estrangeiro [19] e esta ati-

---

geográficas, sociais e, sobretudo, culturais do nosso país, merece um estudo particular que urge encetar. Sobre a migração leste-este, o volume 14 de *Panoramiques, Est: ces immigrés qui viendraient du froid...*, 1994. É, precisamente, face o conspecto geral da emigração de leste, constante dos diversos estudos inseridos nessa publicação, que importa indagar se a emigração para Portugal desta população coincide, ao nível das motivações e propósitos, com a feita para países como a Alemanha e, mesmo, a França.

[19] No *Estudo Estatistico da Criminalidade em Portugal nos Annos de 1891 a 1895*, por Alfredo Luis Lopes, editado pela Imprensa Nacional, Lisboa, 1897, o autor

32   *Reclusos Estrangeiros: um estudo exploratório*

tude, com alterações pouco significativas, mantêm-se até meados de 1990[20].

Recorde-se que as estatísticas oficiais da justiça[21], no capítulo referente aos estabelecimentos prisionais, nem sequer discriminavam os reclusos estrangeiros no universo dos reclusos.

Será apenas em 1994 que o Gabinete de Estudos e Planeamento do Ministério da Justiça enceta o volume dedicado às *Estatísticas Criminais* no qual refere de forma muito superficial[22] os reclusos estrangeiros.

Sem carácter de continuidade no tempo, a revista *Temas Penitenciários*, da responsabilidade da Direcção-Geral dos Serviços Prisionais, iniciada em 1988, fornecia um mapa estatístico no qual se discrimina os reclusos por nacionalidade, sexo, idade e espécie de estabelecimento. Existe esse quadro referente a 1987 (1.88, p. 64), 1988 (1.89, p. 64), 1990 (5-6, p. 114), 1997 (II-1, p. 140) e 1998 (II-3/4, p. 99).

Mais recentemente, a Direcção-Geral dos Serviços Prisionais encetou a publicação de um *Relatório de Actividades 1996-1997* de que já existe o referente a 1998. Nesta publicação, inserido nas estatísticas prisionais, caracteriza-se a população prisional estrangeira segundo a nacionalidade e o sexo.

---

registou em cinco anos o total de 383 condenações de estrangeiros número pouco expressivo que explica pela dificuldade de "comunicações fluviaes e ferreas" bem como à inexistência no nosso país de "focos industriais" significativos. No entanto, indica uma percentagem de 3%, entre 1878-1881, de réus estrangeiros face ao total dos réus; entre 1891-1895, uma média de 2,6%; e, em 1886, apenas 1,8%.

[20] A ilustrar a aludida "irrelevância" veja-se o estudo de Nelson Lourenço e Manuel Lisboa, *Dez Anos de Crime em Portugal Análise longitudinal da criminalidade participada às polícias (1984-1993)*, 1998, que concede um único parágrafo aos estrangeiros para concluir do seu "peso muito pouco significativo", salvo os "oriundos de África", na criminalidade nacional; no entanto, não explora aspecto algum desta população, confira-se p. 148.

[21] Até 1982 a responsabilidade pela notação, apuramento e publicação das estatísticas da justiça era do Instituto Nacional de Estatística, a partir de 1983 essa competência passou para o Gabinete de Estudos e Planeamento do Ministério da Justiça.

[22] Não nos fornece o tipo de crimes cometidos por estes reclusos, não indica a (in)existência da pena acessória de expulsão, etc.

Parte I – Enquadramento 33

Com recurso a estas fontes e excluindo os inimputáveis em estabelecimentos psiquiátricos prisionais e não prisionais, é possível traçar um conspecto geral dos estrangeiros na população prisional.

Verifica-se, assim, que em relação à totalidade da população prisional os reclusos estrangeiros representam em 1996 cerca de 12%, diminuindo em 1997 para 11,2%, e registando um novo decréscimo em 1998 para 10,7%. Esta percentagem de estrangeiros entre os prisioneiros pode ser considerada uma percentagem "modesta" comparada com a de outros países da Europa ocidental como, por exemplo, tendo por referência o ano de 1997, a Grécia (39%), a Bélgica (38%), a Alemanha (34%), a Holanda (32%), a Áustria (27%), a Suécia e França (26%), a Itália (22%), e mesmo a Espanha (19%) e a Dinamarca (14%)[23].

É possível, de acordo com os aludidos dados estatísticos, saber que o número de estrangeiros reclusos vem verificando primeiro um aumento anual constante: 94 (9,6%), 95 (11,2%), 96 (12%); depois, uma estabilização, senão uma ligeira descida: 97 (11,2%) e 98 (10,7%).

Conhece-se a naturalidade desses estrangeiros, sendo a população africana a ocupar lugar claramente destacado, em média 66%, seguida da de origem europeia, na média de 18%, e da América Latina, com cerca de 12%.

No entanto, a partir do seu número, idade, naturalidade e sexo, falham elementos que permitam melhor caracterização da população de estrangeiros reclusos.

Em relação aos aludidos dados estatísticos, já publicados, é possível aditar os referentes a 1999 os quais não alteram significativamente as tendências dos anos anteriores. De acordo com os dados provisórios, em 1999 houve 11.547 homens reclusos, destes 1.244 eram estrangeiros, e na população feminina da totalidade de 1.261, 143 eram estrangeiras. Assim, o ano de 1999 confirma a continuação da taxa de estrangeiros: cerca de 10,8% da totalidade da população reclusa.

---

[23] Tournier, P., *Statistiques Pénales Annuelles du Conseil de l'Europe, Enquête 1997*, 1999.

34 *Reclusos Estrangeiros: um estudo exploratório*

QUADRO 6 – Reclusos existentes em 31 de Dezembro de 1999, segundo o sexo e os escalões de idade por nacionalidade

Sexo e Idade	SEXO		IDADE				
Reclusos estrangeiros	H	M	16 a 18 anos	19 a 24 anos	25 a 39 anos	40 a 59 anos	60 e mais anos
TOTAL DE RECLUSOS	**11547**	**1261**	**200**	**2051**	**7535**	**2698**	**324**
TOTAL DE RECLUSOS ESTRANGEIROS	**1244**	**143**	**19**	**173**	**845**	**321**	**29**
Países de África	**825**	**62**	**12**	**116**	**595**	**156**	**8**
Angola	198	10	2	46	141	19	0
Cabo Verde	378	38	4	39	262	104	7
Guiné Bissau	81	2	2	14	58	9	0
Moçambique	29	2	1	4	22	4	0
S. Tomé e Príncipe	38	6	2	3	35	3	1
Outros	101	4	1	10	77	17	0
Países da América Latina	**131**	**56**	**1**	**19**	**92**	**66**	**9**
Brasil	39	29	1	13	31	21	2
Chile	12	1	0	0	3	8	2
Colômbia	28	9	0	1	22	11	3
Venezuela	22	8	0	3	16	9	2
Outros	30	9	0	2	20	17	0
Países da Europa	**218**	**20**	**5**	**30**	**119**	**76**	**8**
Alemanha	12	4	0	0	9	6	1
Espanha	75	7	2	9	32	35	4
França	33	4	0	10	25	2	0
Grã-Bretanha	18	0	0	0	9	8	1
Holanda	10	3	1	1	6	4	1
Itália	24	1	0	1	14	10	0
Roménia	13	1	2	3	8	1	0
Outros	33	0	0	6	16	10	1
Outros países	**70**	**5**	**1**	**8**	**39**	**23**	**4**

Fonte: Quadro adaptado de dados fornecidos pela DGSP, 2000.

Parte I – Enquadramento

De acordo com o exposto e o constante do quadro precedente conclui-se que o ano de 1999 regista uma ligeira subida de reclusos estrangeiros (10,8%), em relação ao ano anterior. Nessa população, a africana mantém destaque (63,9%), sendo Cabo Verde o país com mais representação; seguida pela europeia (17,1%) ocupando Espanha o lugar proeminente e a proveniente da América Latina, esta com um aumento sensível (13,4%), sobretudo com cidadãos vindos do Brasil.

Esta percentagem de reclusos estrangeiros, cerca de 10%, é modesta se comparada com os casos da Suíça, Luxemburgo e Chipre, estes em 50%; Alemanha em 49%; Bélgica, Grécia e Holanda em cerca de 30%; França em 28%; Áustria, Suécia e Malta em cerca de 26%.[24]

Em qualquer das proveniências o grosso do grupo etário é, nitidamente, entre os 25 e os 39 anos de idade (em cerca de 75%) o que corresponde a um nível etário mais elevado do que é em regra apontado como o de topo para a delinquência, isto é, entre os 16 e os 20 anos de idade[25]. Tal diferença pode ser explicada por diversos factores como seja a não aplicação imediata da pena de prisão ao jovem delinquente, ao "arrastamento" etário do jovem condenado, ao facto de o crime cometido fora do país da naturalidade não corresponder aos padrões etários correntes nos países de origem, o tipo de crimes cometidos são perpetrados por indivíduos mais idosos, etc.

É, ainda, possível separar os reclusos estrangeiros presos preventivamente dos que já condenados cumprem pena efectiva.

---

[24] Dados referents a 1995-1996, in Space, Enquête 1996, p. 14, apud Ferreira, V., «Sobrepopulação prisional e sobrepopulação em Portugal», 1999, p. 29. E Albrechet, H.-J., «Ethnic Minorities, Crime, and Justice in Germany», in Tonry, M. (ed.), *Ethnicity, Crime, and Immigration*, 1997, pp. 31-100.

[25] Indicando o "pico" da actividade criminal ao longo do percurso etário nos 16 a 18 anos de idade Hirschi, T., Gottefredson, M., "Age and the Explanation of Crime", *American Journal of Sociology*, 89 (1983), pp. 552-584; Farrington, D., "Age and Crime"; in *Crime and Justice*, 7 (1986), pp. 189-250 ; Flanagan , T., Maguire, K., *Sourcebook of Criminal Justice Statistics*: 1989, 1990 ; Sampson, R., Laub, J., *Crime in the Making Pathways and Turning Points Through Life*, 1995; Hagan, F., *Introduction to Criminology*, 1998, pp. 68-69.

Quadro 7 – Reclusos estrangeiros preventivos segundo crime e idade, em 1999

Crime	Idade					TOTAL
	16-18	19-24	25-39	40-59	60	
Crimes Contra as Pessoas	0	3	11	15	2	31
Homicídios		1	5	6		12
Ofensas à integridade física				2		2
Violação e atentado ao pudor		2	1	5	2	10
Outros			5	2		7
Crimes Contra os Valores e Interesses da Vida em Sociedade	0	2	10	3	0	15
Incêndio						0
Outros		2	10	3		15
Crimes Contra o Património	7	25	52	7	1	92
Roubo	4	3	8	3		18
Furto simples e qualificado	3	19	21	3	1	47
Outros		3	23	1		27
Relativos à Droga	4	11	111	35	3	164
Tráfico	4	11	92	25	3	135
Tráfico e consumo			4			4
Outros			15	10		25
Outros Crimes	2	5	10	0	1	18
Cheques sem provisão			1			1
Outros	2	5	9		1	17
TOTAL	13	46	194	60	7	320

Fonte: Dados fornecidos pela DGSP, 2000.

Assim, ao nível de presos preventivos, o crime que, com maior frequência, motiva a prisão é, de forma destacada, o tráfico de estupefacientes, cerca de metade da totalidade dos crimes.

O patamar da condenação possui idêntica prevalência: é o crime de tráfico de estupefacientes que motiva maior número de reclusões, cerca de 67% da totalidade de crimes.

Parte I – Enquadramento

Além da situação jurídico-processual-penal são-nos fornecidas outras variáveis como o tipo de crime, a idade, a pena e o sexo.

Assim, podemos visualizar esta população com base nas ditas variáveis.

Quadro 8 – Reclusos estrangeiros condenados segundo crime e idade, em 1999

Crime	Idade					TOTAL
	16-18	19-24	25-39	40-59	60	
Crimes Contra as Pessoas	0	8	53	36	5	102
Homicídios		3	28	21	5	57
Ofensas à integridade física		1	5	2		8
Violação e atentado ao pudor		2	16	8		26
Outros		2	4	5		11
Crimes Contra os Valores e Interesses da Vida em Sociedade	0	4	10	10	0	24
Incêndio						0
Outros		4	10	10		24
Crimes Contra o Património	2	33	97	22	0	154
Roubo	1	17	38	8		64
Furto simples e qualificado	1	13	46	9		69
Outros		3	13	5		21
Relativos à Droga	0	51	387	166	14	618
Tráfico		49	381	162	14	606
Tráfico e consumo		2	5	3		10
Outros			1	1		2
Outros Crimes	0	0	18	7	1	26
Cheques sem provisão						0
Outros			18	7	1	26
TOTAL	2	96	566	241	20	924

Fonte: Dados fornecidos pela DGSP, 2000.

Sendo possível afirmar que os reclusos estrangeiros cumprem, sobretudo, penas que se situam entre 5 e 10 anos de prisão, havendo na população masculina uma percentagem de 5% que cumpre pena de prisão superior a 10 anos.

O tipo de crime largamente prevalecente é o de tráfico de estupefacientes, seguido pelos crimes contra o património e, com uma expressão mais modesta, os crimes contra as pessoas [26].

QUADRO 9 – Reclusos estrangeiros condenados
por pena e sexo, em 1999

	SEXO	
PENA	**Masculino**	**Feminino**
Até 1 ano	7	0
1 a 5 anos	150	13
5 a 10 anos	503	71
Mais de 10 anos	165	9
Pena indeterminada	2	0
Sem informação	4	0
TOTAL	**831**	**93**

Fonte: Dados fornecidos pela DGSP, 2000.

O número de reclusas perfaz tão-só cerca de 10% do universo, confirmando a ideia tradicional da prevalência do masculino no cometimento de crimes [27].

---

[26] Seria interessante averiguar se certo tipo de crimes está ou não relacionado com determinadas nacionalidades, consoante referem Sutherland, E. H.; Cressey, D. R., *Principles of Criminology*, 1978.

[27] Esta constante – os homens cometem mais crimes do que as mulheres e crimes mais graves –, vem sendo recentemente refutada, defendendo-se a semelhança ou, então, predizendo-a (neste sentido, Rosenbaum, "Female crime and delinquency"

Parte I – Enquadramento

QUADRO 10 – Reclusos estrangeiros condenados
por pena e idade, em 1999

PENA	Idade					TOTAL
	16-18	19-24	25-39	40-59	60	
Até 1 ano	0	0	7	0	0	7
1 a 5 anos	2	23	107	27	4	163
5 a 10 anos	0	62	357	146	9	574
Mais de 10 anos	0	11	90	66	7	174
Pena indeterminada	0	0	1	1	0	2
Sem informação			3	1		4
TOTAL	**2**	**96**	**565**	**241**	**20**	**924**

Fonte: Dados fornecidos pela DGSP, 2000.

A idade que regista maior número de reclusos, em ambos os sexos, oscila entre os 25 e os 39 anos de idade[28]. Dado este a confirmar, de novo, a "lei natural" de Goring[29].

Ora, esta panorâmica referente aos reclusos cidadãos estrangeiros deve ser inserida num conspecto mais vasto que nos é fornecida pela situação geral nacional.

---

a chamar a atenção para o crescimento da criminalidade feminina em 37% face o crescimento de 6% da criminalidade masculina, in Brown, S., Esbehsen, F., Geis, G., *Criminology:Explaining crime and its context*, 1991). Sobre o assunto, Simon, R., *Women and Crime*, 1975; Nettler, G., *Explaining Crime*, 1984; Hagan, F., *Introduction to Criminology*, 1998, pp. 72-73; Godfredson, M., Hirschi, T., *A General Theory of Crime*, 1990, pp. 144-149; Winterdyk, J., *Canadian Criminology*, 2000, pp. 458-486.

[28] A relação entre o factor idade, o facto de ser estrangeiro e a criminalidade é abordada por Ferracuti, R., "Crime et migration", *Ici L'Europe*, 1968, pp. 20-25. Sobre a idade, como fio condutor da vida e o seu percurso em relação à criminalidade, o excelente estudo de Sampson, R., Laub, J., *Crime in the Making: Pathways and Turning Points Through Life*, 1995, a coroar toda uma tradição criminológica desde a década de cinquenta até aos nossos dias.

[29] Segundo a qual a distribuição da prevalência da criminalidade de acordo com a idade posiciona-se uniformemente, independentemente do número e localização da amostra. Goring, C., *The English Convict*, 1913.

Reclusos Estrangeiros: um estudo exploratório

A fim de ser possível uma visão dinâmica ou evolutiva da situação geral registe-se uma panorâmica da população reclusa segundo o tipo de crime desde 1995 e até 1999, sendo os elementos deste último ano meramente provisórios.

Quadro 11 – Reclusos condenados segundo o tipo de crime de 1995 a 1999

Anos		1995						1996					
	TOTAL	Homens			Mulheres		TOTAL	Homens			Mulheres		TOT.
Crimes		Total	16-20	21 e +	Total	16-20	21 e +		Total	16-20	21 e +	Total	16-20	21 e +
TOTAL de CRIMES	7 400	6 976	231	6 745	424	10	414	8 897	8 338	353	7 985	559	23	536	100
Crimes contra as pessoas	1 302	1 246	26	1 220	56	1	55	1 498	1 416	39	1 377	82	1	81	1 43
Violação e atentado ao pudor	215	215	9	206	0	0	0	281	278	19	259	3	o	3	278
Crimes contra a vida em sociedade	222	214	5	209	8	0	8	281	253	5	248	28	0	28	277
Crimes contra o património	3 465	3 383	161	3 222	82	4	78	4 324	4 181	249	3 932	143	9	134	434
Crimes relativos a estupefacientes	2 220	1 966	37	1 929	254	5	249	2 566	2 292	60	2 232	274	13	261	3 65
Outros Crimes	191	167	2	165	24	0	24	228	196	0	196	32	0	32	32

1997						TOTAL	1998						TOTAL	1999					
Homens			Mulheres				Homens			Mulheres				Homens			Mulheres		
Total	16-20	21 e +	Total	16-20	21 e +		Total	16-20	21 e +	Total	16-20	21 e +		Total	16-20	21 e +	Total	16-20	21 e
9 202	366	8 836	831	28	803	10 348	9 493	295	9 198	855	21	834	8 756	7 976	236	7 740	780	6	77
1 370	31	1 339	69	2	67	1 582	1 513	32	1 418	69	2	67	1 486	1 427	28	1 399	59	1	58
277	13	264	1	0	1	328	328	9	319	0	0	0	315	315	10	305	0	0	0
250	5	245	27	0	27	280	265	6	259	15	0	15	203	185	4	181	18	0	18
4 210	239	3 971	133	2	131	4 376	4 254	199	4 055	122	1	121	3 037	3 000	138	2 862	73	1	72
3 033	89	2 994	570	24	546	3 902	3 272	57	3 215	630	18	612	3 863	3 245	62	3 163	618	4	61
289	2	287	32	0	32	208	189	1	188	19	0	19	131	119	4	115	12	0	12

Fonte: Dados fornecidos pela DGSP, 2000.

Nesta perspectiva dinâmica sobressai a prevalência, desde 1995, ao nível geral da população prisional, dos crimes contra o património, seguindo-se os referentes à droga (sobretudo tráfico de estupefacientes) até 1998, neste ano e de acordo com as indicações de 1999 a primazia vai para os crimes de tráfico de estupefacientes, coroando uma *evolução* constante da criminalidade contemporânea.

Complementando os dados fornecidos pela DGSP e os provenientes das *Estatísticas da Justiça*, da responsabilidade do GEP do Ministério da Justiça, é possível recorrer a elementos fornecidos pela divisão de planeamento do SEF no que respeita às expulsões judicialmente decretadas e executadas por aquele serviço do Ministério da Administração Interna.

O número de expulsões judiciais executadas que se manteve constante entre 1996 e 1998, aumentou significativamente (cerca de 66%) em 1999.

QUADRO 12 – Expulsões judiciais executadas entre 1996/1999

ANOS	QUANTIDADE DE EXPULSÕES
1996	95
1997	94
1998	96
1999	144

Fonte: Quadro elaborado a partir de dados fornecidos
pelo Serviço de Estrangeiros e Fronteiras, 2000.

Seria interessante "cruzar" o número de expulsões judiciais com as condenações de estrangeiros a fim de averiguar a respectiva correspondência entre ambas. Tal não é possível por carência de dados disponíveis [30].

---

[30] Seria desejável – por ser a realidade da condenação – as estatísticas oficiais fazer indicar a pena de expulsão judicial a par da pena de prisão aplicada.

Possível é, no entanto, indicar de 1996 a 1999 os crimes e as nacionalidades dos cidadãos estrangeiros expulsos.

Assim, nestes quatro anos, é o crime de tráfico de estupefacientes o que detém maior número de expulsões e o país que maior número de cidadãos expulsos justificou foi Cabo Verde, precisamente motivado pelo cometimento do aludido tipo de crime[31].

Após o tráfico de estupefacientes surgem os crimes contra o património que, tradicionalmente, ocupavam o lugar de destaque nos quadros estatísticos: furto e roubo.

QUADRO 13 – Expulsões executadas por principais crimes entre 1996-1999

PRINCIPAIS CRIMES \ ANOS	1996	1997	1998	1999
BURLA	1	4	1	1
FURTO	12	8	4	8
HOMICÍDIO	5	3	2	4
ROUBO	6	3	3	13
TRÁFICO DE ESTUPEFACIENTES	61	64	80	143
FALSIFICAÇÃO	5	2	4	5
VIOLAÇÃO	1	---	---	4
VIOLAÇÃO DE ORDEM DE EXPULSÃO	3	4	1	2

Fonte: Quadro elaborado a partir de dados fornecidos
pelo Serviço de Estrangeiros e Fronteira, 2000.

---

[31] Cumpre advertir que a data da concretização da expulsão não coincide com a da prática do crime.

Parte I – Enquadramento

Quadro 14 – Expulsão por nacionalidades no crime de tráfico de estupefacientes entre 1996-1999

NACIONALIDADES \ ANOS	1996	1997	1998	1999
ANGOLA	---	4	2	---
ARGENTINA	1	---	1	---
BOLÍVIA	1	2	1	2
BRASIL	4	7	6	7
CABO VERDE	20	29	17	31
CHILE	4	---	2	1
COLOMBIA	4	3	8	2
ESPANHA	1	2	14	27
EUA	2	---	---	1
GUINÉ	4	2	5	8
HOLANDA	7	2	1	7
ITÁLIA	3	3	7	2
MARROCOS	2	---	---	---
MOÇAMBIQUE	1	1	1	---
NIGÉRIA	---	3	3	8
PERU	1	1	1	2
S. TOMÉ	1	---	---	---
TURQUIA	1	---	1	1
VENEZUELA	3	1	1	6
OUTROS	1	4	12	28

Fonte: Quadro elaborado a partir de dados fornecidos
pelo Serviço de Estrangeiros e Fronteiros, 2000.

Ora, pese a importância das estatísticas na compreensão do fenómeno criminal, a sua interpretação e valoração levanta sérias reservas até porque comparações e associações feitas unicamente com tais

44 *Reclusos Estrangeiros: um estudo exploratório*

dados sempre podem ser infirmados com a objecção de que a relação estabelecida não é puramente causal, fazendo cair este tipo de explicação do crime em pura tautologia [32].

O que parece resultar de forma mais impressiva, tendo em conta o estabelecimento legal de estrangeiros e a taxa de crescimento dos reclusos nacionais, é que existe uma sobrerepresentação dos estrangeiros entre a população prisional.

5. Estrangeiros que tipo de delinquência

Não sendo as estatísticas oficiais [33] do Ministério da Justiça nem as constantes do *Relatório de Actividades* da Direcção-Geral dos Serviços Prisionais arrimo suficiente para conhecer as características e o tipo de delinquência da população estrangeira reclusa, mesmo com o recurso adicional a dados fornecidos pelo Serviço de Estrangeiros e Fronteiras, importa indagar sobre o estado da ciência neste particular domínio, isto é, saber o que entre nós se estudou e produziu. Até porque não é possível *importar* estudos feitos noutros países, cada comunidade tem as suas especificidades que são avessas a transposições acríticas.

O panorama não é animador.

Nos trabalhos de análise estatística [34] a problemática dos reclusos estrangeiros não merece atenção particular. O que é grave porquanto de um ponto de vista criminológico, para se interpretar validamente as

---

[32] Neste sentido, Jencks, C., *Rethinking Social Policy. Race, Poverty, and the Underclass*, 1993, p. 116.

[33] Sobre as reticências que a criminologia coloca ao valor das estatísticas criminais, reticências que aqui não queremos suscitar dado a parcimónia preocupante destes elementos fulcrais em Portugal veja-se: Robert, P., "Les statistiques criminalles et la recherche: Réflexions conceptuelles", *Deviance et Societé*, 1-1 (1977), pp. 3-27; Szabo, D., e LeBlanc, M.; *Traité de Criminologie Empirique*, 1995; Pease, K., *Uses of Criminal Statistics*, 1996 (neste, sobretudo a Parte IV, pp. 307 a 410).

[34] Seja em monografia como a de Eduardo Viegas Ferreira, *Crime e Insegurança em Portugal: Padrões e Tendências 1985-1996*, 1998; seja em revistas da especialidade de que é exemplo o relatório de Maria Rosa Crucho de Almeida, "Reflexos da Reforma do Código Penal nas Penas Aplicadas: Análise Estatística do Quadriénio 1994-1997", publicado na *Revista Portuguesa de Ciência Criminal*, 9-1 (1999), pp. 85 e seg.

estatísticas criminais é necessário atender às categorias da população visada, as quais são necessariamente: sexo, idade e nacionalidade[35]. Restam os trabalhos de investigação.

No seguimento de um estudo sobre *instituições totais*, projectado pelo Gabinete de Estudos Jurídico-Sociais do Centro de Estudos Judiciários, foram publicados dois livros sobre estabelecimentos prisionais: *Malhas que a reclusão tece: Questões de identidade numa prisão feminina*, Lisboa, 1994; e, *Vidas encarceradas: Estudo sociológico de uma prisão masculina*, Lisboa, 1994.

A primeira obra, de autoria de Manuela Ivone Cunha, refere-se episodicamente ao "grupo" das "estrangeiras" (pp. 120 a 122) como sendo uma população com preocupações específicas[36].

O segundo estudo, da autoria de Semedo Moreira, apenas refere a diminuta expressão de estrangeiros no estabelecimento estudado (5,2%) o que não terá justificado qualquer enfoque da análise nesta população.

Publicado em 1998, *Crime e Sociedade: Portugal na Segunda Metade do Século XIX*, da autoria de Maria João Vaz, é uma obra que visa descrever e analisar a evolução da criminalidade em Portugal na segunda metade do século XIX, período em que a importância atribuída ao crime como problema social conhece importantes desenvolvimentos, conforme explicitamente se confessa na introdução. Ora, a alusão aos estrangeiros, não ultrapassando uma página, restringe-se a glosar o *Estudo Estatístico* de Alfredo Luis Lopes. São as estatísticas incompletas e a falta de outros elementos de estudo a condicionar a análise (falta de) do estrangeiro na criminalidade em Portugal durante a derradeira metade do século XIX.

Um outro estudo é-nos fornecido por Barra da Costa em *Práticas Delinquentes*, editado em 1999. Este autor dedica um capítulo à "População Estrangeira e Delinquência". Neste trabalho, o levantamento da quantificação da delinquência relacionada com cidadãos estrangeiros foi

---

[35] Sobre a importância do *estrangeiro* nas estatísticas criminais: Tournier, P., et all. *Les étrangers dans les statistiques pénales*, 1989; Sutherland, E., e Cressey, D., *Principles of Criminology*, 1978; e, Kellens, G., *Éléments de Criminologie*, 1998.

[36] Dessa especificidade, pouco caracterizada, dá-nos eco a imprensa diária e as obras de divulgação de pendor jornalístico nas quais se assinala sem grande rigor pretensos casos de discriminação.

elaborado "a partir do levantamento das penas acessórias de expulsão, bem como dos dados relativos aos reclusos estrangeiros e à verificação dos principais tipos de crimes participados" (p. 87). Reconhecendo que o cruzamento da informação obtida por via da pena de expulsão com o tipo de crime participado, seja gerador de uma mais valia face às referidas estatísticas oficiais, importa admitir as limitações desse método, desde logo face as penas que não tenham como pena acessória a pena de expulsão. Por outro lado, sem pôr em causa a veracidade dos dados mas por imperativos de rigor cientifico e, portanto, de credibilidade, atente-se que o autor não nos indica a fonte que recorreu para coligir os dados sobre as penas de expulsão (dados oficiais?). Por fim, as conclusões, para além das que se retiram das estatísticas oficiais, reduzem--se a imputar o cometimento de tipos de crime a determinada população, em termos de prevalência; assim, em relação a 1998 seria possível sintetizar as conclusões do autor de acordo com o seguinte quadro:

QUADRO 15 – Principais tipos de crime por nacionalidade prevalecente em 1998

TIPO DE CRIME	NACIONALIDADES PREVALENTES (por ordem decrescente de grandeza)		
TRÁFICO DE DROGA	Cabo Verde 254 + 68	Angola 75 + 18	Espanha 52 + 23
ROUBO E FURTO	Angola 64 + 16	Cabo Verde 39 + 9	Espanha 12
HOMICÍDIO	Cabo Verde 28 + 9	Angola 7 + 1	Roménia 4
VIOLAÇÃO	Cabo Verde 11	Angola 6	—
OFENSAS CORPORAIS	Angola 4	Cabo Verde 3	—

Fonte: Adaptação dos quadros 19 a 21 fornecidos por Barra da Costa em *Práticas Delinquentes*, 1999.

Nota: O primeiro número corresponde a condenados; e, o segundo número (em itálico) corresponde a presos preventivos.

Parte I – Enquadramento   47

Posteriormente, este mesmo autor apresentou uma palestra subordinada à mesma temática, intitulada "Criminalidade *versus* estrangeiros (1989-1998)", no Congresso Crimes Ibéricos (1998), tendo as respectivas actas, inserindo o aludido trabalho, sido publicadas pela Universidade do Minho em 1999.

Esta abordagem do tema, sendo mais detalhada que a anterior, não deixa de padecer dos aludidos reparos.

Um outro estudo, da autoria de Victor Peña Ferreira sobre "Sobrepopulação Prisional e Sobrelotação em Portugal (...)", ao abordar a evolução da população prisional analisa os reclusos estrangeiros de forma específica [37]. Pese a análise muito lúcida importa reconhecer que a síntese tem como fundamento dados estatísticos de que não se refere a proveniência, sendo as explicações de poucas inferências.

Sem questionar o mérito de todos estes estudos pioneiros importa registar alguns reparos metodológicos e constatar a ausência de investigação no terreno; aliás, como alguns deles expressamente reconhecem, a análise feita deixa diversos campos "em aberto" [38] o que, acrescente-se, sempre sucederá dado a constante mutação do fenómeno.

Em suma, no domínio da investigação, a problemática dos estrangeiros reclusos ainda não concitou a necessária atenção e o desenvolvimento que merece por parte dos estudiosos nacionais [39].

---

[37] Sobre a sobrepopulação prisional o estudo de Ferreira, V., "Sobrepopulação Prisional e Sobrelotação em Portugal Evolução Recente, Situação Actual e Alguns Factores que a Explicam", in *Temas Penitenciários*, II, n.º 3 e 4 (1999), p. 29.

[38] Cf., "Criminalidade *versus* Estrangeiros (1989-1998)", in *Actas do Congresso Crimes Ibéricos – Crimes Práticas e Testemunhos*, 1999, p. 182.

[39] Teria sido, no mínimo, interessante que em estudos sobre a adaptação à prisão, como o de Rui Abrunhosa Gonçalves (*Psicopatia e Processos Adaptativos à Prisão*, 1999; e, *Delinquência Crime e Adaptação à Prisão*, 2000) se tivesse em conta este tipo de população prisional *estranha* e, por esta razão, a requerer e a justificar especial atenção na sua adaptação ao meio prisional.

Também nos estudos especificamente dedicados às migrações e à inserção dos estrangeiros, a problemática que nos ocupa não merece qualquer referência, pese ser um caso de dupla "adaptação" a "meio ambiente estranho". Cf., v.g., Esteves, M., (ed.), *Portugal; País de Imigração*, 1991; Rocha-Trindade, M., *Recent Migration Trends in Europe*, 1993; Saint-Maurice, A., *Identidades Reconstruidas Cabo-Verdianos em Portugal*, 1997; Baganha, M., (ed.), *Immigration in Southern Europe*, 1997;

6. Justificação do estudo exploratório

6.1. Em Geral

Portugal é o país da Europa ocidental que maior proporção de cidadãos tem encarcerados, no ano de 1995 havia 125 reclusos por 100.000 habitantes.

Em relação aos países que por razões geográficas e culturais nos estão próximos é possível visualizar o posicionamento de "destaque" no seguinte quadro:

QUADRO 16 – Quantidade de reclusos por 100.000 da totalidade da população (anos de 1985 e 1995)

PAÍS	POPULAÇÃO PRISIONAL	QUANTIDADE DE RECLUSOS POR 100.000 DA TOTALIDADE DA POPULAÇÃO	
	1995	1985	1995
Áustria	6.761	120	85
Bélgica	7.401	65	75
Dinamarca	3.421	65	65
Espanha	40.157	60	105
Finlândia	3.018	80	60
França	53.697	75	95
Inglaterra e Gales	51.265	90	100
Itália	47.323	—	85
Holanda	10.143	35	65
Portugal	12.150	90	125
Suécia	5.767	90	100

Fonte: Adaptado de *Prison Populations in Europe and North America: Some Background Information*, Heuni Paper n.º 10, Roy Walmsley, 1997.

Portes, A., *Migrações Internacionais*, 1999; Canotilho, J., *Direitos Humanos Estrangeiros, Comunidades Migrantes e Minorias*, 2000.

Parte I – Enquadramento 49

Sublinhe-se que já em 1985, Portugal, a par de Inglaterra e Gales, tinha maior percentagem de população encarcerada. Mas enquanto estes últimos de 1985 a 1995 registavam um aumento de 10%, Portugal aumentou 25%, taxa essa de crescimento que motivou, como país ocidental, o local de maior encarceramento populacional. E, adite-se, tal taxa continuou a subir atingindo em 1998 a proporção de 147 reclusos por 100 mil habitantes, uma taxa de detenção "recorde entre os países europeus"[40].

Aditando a esta "panorâmica" o facto de Portugal ser o país da União Europeia com uma das taxas mais elevadas de presos preventivos, justificando que em 1995 se afirmasse "em cada 100 pessoas neste país mais de 40 ainda não foram julgadas, ou ainda não foram definitivamente julgadas..."[41].

Aliás, já desde o século XVIII que Portugal é apontado internacionalmente como o país onde os arguidos mais tempo, depois de presos, aguardam o julgamento. No livro clássico de John Howard, *The State of the Prisons*, editado em 1777, ao fazer-se uma resenha das prisões na Europa, o autor refere, repetidamente, esta característica portuguesa[42].

---

[40] Ferreira, V., já cit., p. 7.

[41] Palavras de Figueiredo Dias ao *Diário de Coimbra*, de 5 de Junho de 1995, p. 6, apud Vilela, A., *Considerações Acerca da Presunção de Inocência em Direito Processual Penal*, 2000, p. 99.

[42] Curiosamente, a falta de celeridade que, por vezes mantém os indivíduos presos quatro ou cinco anos a aguardar julgamento, também se revela na fase posterior ao julgamento em que os condenados a pena capital aguardam presos vários anos antes de serem executados, cfr. *The State of the Prisons*, 1929, pp. 118 a 120.

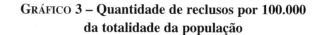

GRÁFICO 3 – Quantidade de reclusos por 100.000 da totalidade da população

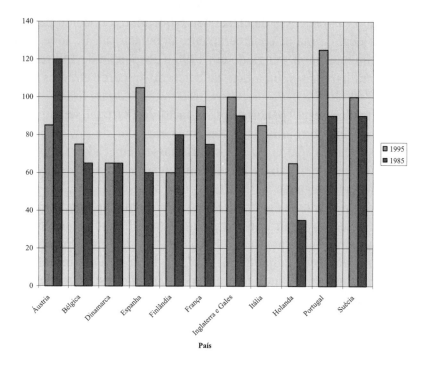

Fonte: Gráfico elaborado a partir dos dados do Quadro 16.

Ainda em relação a 1995, é possível apontar Portugal como o país da Europa ocidental onde os estabelecimentos prisionais estavam mais superlotados: 47% acima das suas capacidades [43].

Em bom rigor, desde 1984/5 que Portugal se debate com o problema persistente de sobrelotação, em finais de 1998 a taxa de ocupação era cerca de 133%. As amnistias que têm vindo a ocorrer apenas produzem uma ligeira diminuição num curto período subsequente à sua aplicação para logo se recuperar a bom ritmo o crescimento da taxa de ocupação.

---

[43] Ferreira, V., já cit., pp. 7 a 38.

QUADRO 17 – Taxa de ocupação nos Estabelecimentos Prisionais (anos de 1970 a 1999)

1970-1979		1980-1984		1985-1989		1990-1994		1995-1999	
	tx.ocup.		tx.ocup.		tx.ocup.		tx.ocup.		tx.ocup.
1970	47,2	1980	75,0	1985	114,3	1990	122,5	1995	149,5
1972	37,9	1981	75,7	1986	108,2	1991	108,4	1996	157,5
1974	27,5	1982	69,4	1987	108,6	1992	130,1	1997	136
1976	48,8	1983	89,4	1988	108,7	1993	152,2	1998	132
1978	66,0	1984	97,0	1989	114,2	1994	128,1	1999	114

Fonte: Dados fornecidos pela DGSP, 2000.

Importa reconhecer que o Estado Português tem vindo a envidar esforços para minimizar e, porventura, alterar esta situação, assim a inflexão a partir de 1997. Por aplicação da Lei n.º 29/99, de 12 de Maio, o ano de 1999 registou um decréscimo de 1.003 reclusos em relação ao ano precedente. Ora, esse decréscimo próximo dos 9% é resultado de um impacto "fictício" que brevemente será "compensado" com um acréscimo nos próximos tempos, a reequilibrar a evolução média da sobrelotação.

Não será alheia a esta panorâmica a visão negativa que a opinião pública faz da administração da justiça. Na União Europeia só a justiça italiana é pior valorada do que a portuguesa[44].

No entanto, na falta de estudos que avaliem a situação, concretamente as suas causas, não será fácil esperar eficácia na consecução do aludido desiderato.

Não é finalidade da nossa abordagem avaliar a situação[45]. Mais modesta, apenas irá reflectir sobre uma parcela da realidade prisional.

---

[44] Toharia, J., "La Imagen de la Administracion de Justicia en la Sociedad Española Actual: Rasgos Principales", in *Política Criminal Comparada, Hoy y Mañana*, 1999, p. 249.

[45] Destacando-se o nosso propósito de qualquer abordagem dependente de interesses de instituições ou do sistema penal ou penitenciário. Furtando-nos às críticas da criminologia comprometida. Cf. Cohen, S., "Criminology and the sociology of deviance in Britain", in P. Rock & McIntosh, *Deviance and social control*, 1974, pp. 140.

Temos como objectivo fazer emergir alguns factos, limitados a um certo e determinado tipo de população reclusa, a incómoda contingência dos factos mas sem eles não existe percepção da realidade: o curso do mundo é delineado no carácter ocasional dos factos, nessa opacidade que nos confronta.

Após esse levantamento, ensaiar-se-á alguma análise e sistematização e, por fim, dado termos o privilégio de analisar em retrospectiva histórica, tentar racionalizar os factos percepcionados.

6.2. Em Particular

Considerando que os reclusos estrangeiros constituem uma população que vem anualmente aumentando, de forma constante [46], perante a insuficiência de estudos sobre esta particular população, parece estar justificada uma abordagem que vá mais além dos dados estatísticos, eles próprios, como se notou, incompletos.

Aliás, importa averiguar se a reclusão do estrangeiro constitui uma "dupla reclusão"[47] no sentido de ser uma população particularmente desfavorecida face a restante população prisional[48]. E, se assim for, indicar as diferenças, destacando os factos que estão na sua base. Isto porque a concluir-se por um *desfavorecimento* está-se a formular um juízo de valor que, enquanto tal, não se exime de grande relatividade.

---

[46] Aumento que é verificado pela generalidade dos países da europa ocidental. Cf. Morgan, R., "Imprisonment: Current Concerns and a Brief History since 1945", in Maguire, M., et all., *The Oxford Handbook of Criminology*, 1997, p. 1157.

[47] Como parece resultar do estudo *A Prison Within a Prison*, já cit.

[48] Ou, pelo menos, percepcionada como desfavorecida. É interessante o resultado da pesquisa orientada por Anne-Marie Marchetti sobre *as pobresas nas prisões* no que respeita aos reclusos estrangeiros: para os reclusos nacionais, os trabalhadores sociais junto das prisões e para os próprios investigadores, aque-les surgem como particularmente desfavorecidos em relação aos demais reclusos. No entanto, esta percepção não corresponde à dos próprios reclusos estrangeiros, o que impõe considerar a relatividade cultural e, por outro lado, a hierarquia de interesses que perspectiva a distinção. Cf., Marchetti, M., *Pauvretés en prision*, 1997, pp. 111-112. Um enquadramento geral da problemática em Matza, D., «Poverty and Disrepute», in Merton, R., Nisbet, R., *Contemporary Social Problems*, 1996 (2.ª ed.), pp. 619-669.

Por outro lado, importa averiguar se o universo dos reclusos estrangeiros é homogéneo ou, pelo contrário, comporta divisões, distinguindo a fim de melhor compreender.

Pondo de parte a ideia megalómana, para um estudo exploratório, de analisar a totalidade da população estrangeira reclusa[49] – atento, ainda, o pouco tempo disponível para a consecução deste trabalho –, optou-se por incidir inicialmente o estudo num particular Estabelecimento Prisional, concretamente o do Funchal, dado o número de reclusos estrangeiros, de ambos os sexos, aí detidos. A fim de comparar e, sobretudo, complementar os resultados obtidos no Funchal, recorreu--se a dois outros Estabelecimentos Prisionais, o de Vale de Judeus, de população masculina, onde igualmente se encontra um número substancial de reclusos estrangeiros, e de Tires, restrito a mulheres, onde também se regista um número apreciável de cidadãs estrangeiras reclusas. Em ambos, apenas se coligiu informação tida como suficiente para complementar os elementos colhidos no Funchal.

---

[49] Ou, mais ambiciosamente, inserir o trabalho no âmbito da criminologia comparada, dadas as vantagens universalizantes dessa abordagem. Cf. Szabo, D., "Criminologie comparée: signification et tâches", in *Annales internacionales de criminologie*, 12/1-2 (1973), pp. 89-126.

PARTE II

METODOLOGIA

1. Opção Metodológica

A tarefa de opção por um método científico "de fundo" é ingrata porque a verdade dos factos não se deixa "arrumar" de acordo com "um único olhar".

Todos os métodos têm os seus limites e perante eles a opaca diversidade dos factos encarrega-se de lhes determinar a finitude operacional.

Sem que a opção comprometa a nossa inspiração filosófica, importa reconhecer que perante a novidade do objecto que se pretende estudar se nos afigura adequada a escolha do método fenomenológico. Como afirma Husserl: "os factos, sejam eles quais forem, são a fundação, o que torna possível e necessário a ciência e, mesmo, uma teoria da ciência, uma lógica"[50]. Incidirá, portanto, a nossa atenção sobre as próprias coisas, factos, aquilo que se apresenta perante a consciência.

Assim, a realidade não nos surgirá como objectiva e passível de explicações em termos de causa e efeito; antes emerge da intencionalidade da consciência voltada para o fenómeno: ela é o compreendido, o interpretado, o comunicado, a captação (Erfassung) possível.

Assume-se, nesta opção metodológica, a angústia de se estar a abordar e interpretar a realidade de uma perspectiva possível[51].

---

[50] Cf., v.g., *Recherches Logiques* 1, 1969, p. 17.

[51] E, como adverte Feyerabend, a ciência é uma fonte de verdade apenas para os que fizeram as escolhas culturais adequadas, in *Against Method*, 1975; tradução portuguesa de Serras Pereira, *Contra o Método*, 1993, pp. 21 e 323.

2. Tipo de Pesquisa

De acordo com o que já se deixou expresso, o objectivo da nossa pesquisa coloca-se primordialmente ao nível do estudo exploratório [52].

Em termos de grau, a pesquisa exploratória precede a descritiva e a explicativa [53], ela tem como escopo desenvolver, esclarecer e modificar conceitos e ideias, com a finalidade de formular problemas ou hipóteses que venham a ser objecto de estudos ulteriores. Aliás, o explicitar, levantar as questões e articular os problemas – que é o escopo desta pesquisa – constitui, para criminologos ilustres [54] o próprio objecto da criminologia.

Se o objectivo inicial e explícito é o de proporcionar uma primeira abordagem do objecto, ao se pretender a descrição das características de uma determinada população enceta-se uma pesquisa descritiva.

Esta interpenetração de níveis de análise é absolutamente aceitável, tanto que a nossa preocupação é ao nível da prática [55].

3. Descrição do Estudo

Definido o objecto empírico da pesquisa em torno dos reclusos estrangeiros, possuindo alguns elementos para uma abordagem *quantitativa e extensiva* que nos fornece uma visão geral do fenómeno nas prisões portuguesas e, em particular, nos Estabelecimentos Prisionais do Funchal, de Vale de Judeus e de Tires procurámos uma outra abordagem, mais *qualitativa e intensiva* que nos permita abarcar dados

---

[52] Os tipos de pesquisa não são equivalentes aos níveis de pesquisa empírica, estes são: a descrição, a classificação e a explicação. Sobre estes três níveis em criminologia, ver Gassin, R., *Criminologie*, 1994, pp. 65 e ss.

[53] Cf., v.g., Selltiz, C. et all., *Métodos de pesquisa nas relações sociais*, 1967; Gil, A. ,*Como Elaborar Projectos de Pesquisa*, 1996; idem, *Pesquisa Social*, 1999.

[54] Neste sentido, Christie, N., « Scandinavian Criminology Facing the 1970's», *Scandinavian Studies in Criminology*, vol. 3 (1971), pp. 121 a 149, apud Fattah, E., «Quelques Réflexions sur le Rôle du Criminologue dans la Cité: Hier, Aujourd' Hui et Demain», *Criminologie et Société*, 1998, pp. 53 a 54.

[55] Assim, Gil, A., já cit., p. 44.

comportamentais dessa população alvo[56]. Ou seja, no terreno encetamos o processo de investigação social mais antigo e, porventura, mais rico: a observação. E, por observação, no caso observação sistemática, entendemos a recolha metódica de factos sensorialmente perceptíveis, tomando aqui o investigador uma atitude receptiva perante o objecto de observação.

Em suma, optou-se por uma metodologia mista em que se combinou as abordagens quantitativa e qualitativa.[57]

Assim, os elementos estatísticos referentes à população prisional e, especificamente, a estrangeira foi-nos fornecida, ao nível nacional pela Direcção-Geral dos Serviços Prisionais, pelo Serviço de Estrangeiros e Fronteiras e pelas Direcções dos Estabelecimentos Prisionais, nos casos particulares do Funchal, de Vale de Judeus e de Tires.

A fase de trabalho de campo foi levada a efeito através de um questionário.

Esse questionário foi preenchido por técnicos de reinserção social junto de cada um dos estabelecimentos prisionais seleccionados. O facto de se tratar de profissionais conhecidos dos reclusos e inseridos no sistema não nos surge como um obstáculo ao rigor da pesquisa exploratória pois não se partilha, neste tipo de estudo, da ideia de Sutherland e Cressey de que para se investigar a criminalidade é necessário associar-se aos criminosos como um deles, antes importa esclarecer os papéis como Ned Polsky bem acentua[58]. Reconhecendo, no entanto, o menor «purismo» do investigador de terreno, importa reconhecer a importância da preparação destes técnicos no tipo de campo prisional. Entre a menor «assepsia» na recolha da amostra e a inabilidade para essa recolha, opta-se decididamente pela primeira.

---

[56] Esta metodologia compósita será a que melhor corresponde ao objecto do nosso estudo pois, ao se complementarem geram uma mais-valia ao nível da informação, e nos afasta decididamente das "querelas entre qualitativistas e quantitativistas" as quais, como ensinam Cândido da Agra e Ana Paula Matos "são, (...), sintoma de grande miopia científica e senão mesmo de debilidade epistemológica", in *Trajectórias desviantes*, 1997, p. 39.

[57] Sobre as metodologias mistas, Tashakkori, A.; Teddlie, C., *Mixed Methodology Combining Qualitative and Quantitative Approaches,* 1998.

[58] Polsky, N., *Hustlers, Beats and Others*, 1971, p. 122.

O questionário foi testado nos Estabelecimentos Prisionais do Funchal e de Vale de Judeus e, após esse pré-teste, que permitiu correcções e aditamentos ao projecto inicial, optou-se pela fórmula definitiva do instrumento.

Esse questionário continha um primeiro grupo de questões fechadas e um segundo grupo de questões abertas.

Nas questões fechadas era possível obter as respostas pela consulta do processo do recluso, já não assim nas questões abertas. Nesta última vertente o questionário foi aplicado com entrevistas conduzidas por técnicos de reinserção social. O questionário foi estruturado em seis áreas fundamentais: *a*) identificação; *b*) factores de risco; *c*) situação jurídico-penal; *d*) comportamento prisional; *e*) reinserção social; *f*) auto-avaliação da situação jurídico-penal e da reclusão.

Cada uma destas seis áreas abrange informação apenas suficiente[59] para fornecer uma visão geral sobre o assunto e permitir a formulação de problemas. Vertida a informação recolhida numa grelha de análise foi possível descobrir núcleos de sentido e delinear uma unidade de contexto.

4. Amostra

Embora os procedimentos de amostragem não sejam vulgarmente utilizados nas pesquisas exploratórias[60], importa esclarecer, ainda que sucintamente, alguns aspectos.

---

[59] Suficiente comparando-a com estudos não exaustivos.Um exemplo de quase exaustão são os levados a efeito pelos Glueck que ainda hoje são um repertório de informação monumental. Da numerosa obra de Sheldon e Eleanor Glueck destaque-se *500 Criminal Careers*; 1930, *Five Hundred Delinquent Women*,1934; *One Thousand Juvenil Delinquents*, 1943; *Unraveling Juvenil Delinquency*, 1950; *Delinquents and Nondelinquents in Perspective*, 1968, sendo que neste ultimo os autores se lamentam de apenas seguir 438 casos de delinquentes e 442 casos de não delinquentes, p. XVII. Quanto à metodologia seguida por estes investigadores consultem-se as duas primeiras obras citadas e os apêndices a *Later Criminal Careers*, 1937, pp. 213-395. Por fim, veja-se o panorama destes investigadores a toda a sua obra em *Of Delinquency and Crime*, 1974.

[60] Gil, já cit., p. 43.

Estando o universo da investigação (reclusos estrangeiros) perfeitamente identificado no EP Funchal e dado o número reduzido da população feminina estrangeira aí reclusa, decidiu-se por abarcar o próprio universo. Assim, a amostra neste particular é de 100%.

Quanto à população masculina, optou-se por não fixar logo à partida uma percentagem mas aguardar que as respostas atingissem um nível de repetição, ou saturação[61], o que sucedeu (quanto à generalidade das questões) ao atingir cerca dos 30%.

No que respeita à amostra de Vale de Judeus, ela apenas representa 10% pois a sua razão de ser não justificava superior percentagem, dado a sua finalidade se colocar ao nível da mera comparação ou eventual complemento com os resultados alcançados no Funchal, o mesmo se passando com Tires com amostra de cerca de 12%[62].

Os sujeitos masculinos no Funchal e Vale de Judeus foram seleccionados aleatoriamente, o mesmo sucedendo em Tires em relação às mulheres, tendo sido em todos os casos assegurado o carácter voluntário, anónimo e confidencial das respostas.

---

[61] Saturação atingida a partir do momento em que se reconhece ter dados suficientes para compreensão do fenómeno estudado e, recorde-se, tendo em vista um estudo exploratório. Sobre o conceito de saturação, Strauss, A., *Qualitative Analysis for Social Scientist*, 1987, p. 21; Mucchielli, A., *Les Méthodes qualitatives*, 1991, pp. 117-118; idem, *Dictionnaire des méthodes qualitatives en sciences humaines et sociales*, 1996, pp. 204-205.

[62] A percentagem recolhida no EP Tires é ligeiramente superior à do EP de Vale de Judeus por duas razões: superior população no EP de Vale de Judeus e, segunda, exigência de um maior número de reclusas dado o número reduzido existente no EP do Funchal o requerer.

PARTE III

ANÁLISE DE DADOS

1. **Breve descrição das populações recluídas nos Estabelecimentos Prisionais objecto de estudo**

Para melhor inserção da nossa análise empírica importa delinear, de uma forma sintética, o tipo de populações recluídas nos Estabelecimentos Prisionais do Funchal, de Vale de Judeus e de Tires.

A descrição privilegiará o número da população, destacando os estrangeiros reclusos, e indicará os crimes que motivaram as reclusões, bem como a idade e sexo dos reclusos.

1.1. *População Reclusa no Estabelecimento Prisional do Funchal*

O Estabelecimento Prisional do Funchal, localizado geograficamente no Conselho de St.ª Cruz, Distrito do Funchal, Madeira, é um Estabelecimento Central recente – entrou em funcionamento em 1994 –, com uma lotação de 349 reclusos, sendo o seu regime de segurança misto.

Com referência aos meses de Março/Abril de 2000, a população de reclusos no EP do Funchal era constituída por 310 homens e 21 mulheres, num total de 331 reclusos.

Dos 310 homens, 246 são portugueses e 64 são estrangeiros. Quanto às mulheres, 15 são portuguesas e as restantes estrangeiras.

QUADRO 18 – População prisional do EP Funchal de acordo com o sexo e a nacionalidade entre Março/Abril de 2000

SEXO	NACIONALIDADE	POPULAÇÃO RECLUSA
Masculino	Portugueses	246
Masculino	Estrangeiros	64
Feminino	Portuguesas	15
Feminino	Estrangeiras	6
TOTAL		331

Fonte: Quadro elaborado a partir dos dados fornecidos pelo EP Funchal, 2000.

O Estabelecimento, em regra, apenas alberga reclusos condenados em pena efectiva, sendo a antiga cadeia, agora de apoio, sita no Funchal que contempla a população em prisão preventiva.

GRÁFICO 4 – População prisional de acordo com o género e a nacionalidade

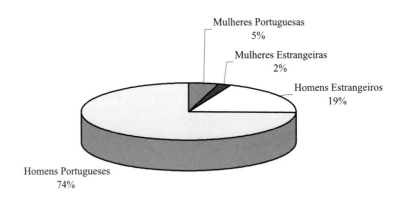

Fonte: Gráfico elaborado a partir dos dados fornecidos no Quadro 17.

No que respeita ao tipo de crimes, por sexo e idade, em 3 de Abril de 2000 é possível surpreender uma prevalência nítida do crime de tráfico de estupefacientes, tanto nos homens como nas mulheres, sobre os outros tipo legal de crime.

No universo masculino, após o crime de tráfico de estupefacientes, surgem, por ordem decrescente, os crimes de homicídio, furto e os crimes contra a liberdade e autodeterminação sexual.

Já na população feminina, além da aludida e destacada prevalência, apenas surge com alguma expressão o crime de homicídio.

No que respeita ao índice etário dos reclusos, apenas sete têm idade inferior a 21 anos de idade, sendo os restantes de idade superior. As reclusas, todas elas têm idade superior a 21 anos de idade.

Quadro 19 – Reclusos condenados,
segundo os crimes, sexo e idade no EP do Funchal,
em Abril de 2000

Sexo/Idade	Crimes contra as Pessoas (CP)			Crimes contra os Valores Inter. da Vida em Soc. (CP)				Crimes contra o Patrimónío (CP)					Crimes Relativos a Droga				Outros Crimes		TOTAL
	Homicídio	Ofensas Corp.	Out.	Viol. Estup. ou Atent. ao Pudor	Incêndio ou Perigo de Incêndio	Associação Crimi.	Out.	Furto Simples ou Furto Qualifi.	Furto e uso de Veículo	Roubo	Burla Abuso de Confiança	Out.	Traf. (Art. 23 e 25)	Traficante Consumidor	Consumo	Out.	E. Cheq. S/ Cobertura		
-20	0	0	0	1	0	0	0	0	0	3	0	0	3	0	0	0	0	0	7
e +	48	6	1	15	2	2	2	30	0	10	3	0	117	2	1	0	4	1	244
Homens (total)	48	6	1	16	2	2	2	30	0	13	3	0	120	2	1	0	4	1	251
-20	0	0	0	0	0	0	0	0	0	0	0	0	0	0	0	0	0	0	0
e +	3	0	0	0	0	0	0	0	0	0	0	0	12	0	0	0	1	1	17
Mulheres (total)	3	0	0	0	0	0	0	0	0	0	0	0	12	0	0	0	1	1	17
TOTAL GERAL	51	6	1	16	2	2	2	30	0	13	3	0	132	2	1	0	5	2	268

Fonte: Quadro elaborado pelo EP Funchal, 2000.

GRÁFICO 5 – Reclusos condenados, segundo os crimes no EP Funchal, Abril de 2000

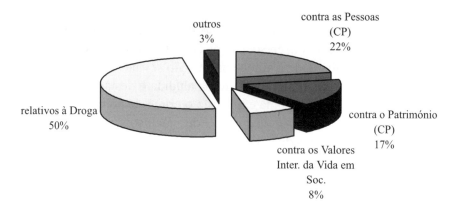

Fonte: Gráfico elaborado a partir dos dados do Quadro 18.

1.2. *População reclusa no Estabelecimento Prisional de Vale de Judeus*

Localizado no Conselho de Azambuja, Distrito de Lisboa, Vale de Judeus é um Estabelecimento Central, com uma lotação de 538 reclusos e de classificação fechada no que respeita à segurança. Embora as obras deste estabelecimento estivessem concluídas em 1974, vicissitudes várias fizeram que só após 1981 o seu funcionamento se tornasse regular.

Em Abril de 2000, a população prisional de Vale de Judeus, exclusivamente masculina, ascendia a 526 reclusos. Todos os reclusos estão em cumprimento efectivo de pena.

Dos 526 reclusos, 370 são de nacionalidade portuguesa e 156 são cidadãos estrangeiros.

Quadro 20 – População prisional do EP Vale de Judeus de acordo com a nacionalidade entre Março/Abril de 2000

NACIONALIDADE	POPULAÇÃO RECLUSA
Portugueses	370
Estrangeiros	156
TOTAL	**526**

Fonte: Quadro elaborado a partir dos dados fornecidos pelo EP Vale de Judeus, 2000.

No que respeita ao tipo de crimes é possível indicar uma clara preponderância do tráfico de estupefacientes 32,2% do total, sendo que o tipo de crime que em expressão numérica lhe segue é o de furto, qualificado e simples, com 13,3% do total, após este, por ordem decrescente de expressão numérica: roubo, homicídio, crimes contra a liberdade e autodeterminação sexual, burla/abuso de confiança e ofensas corporais.

A idade é, em todos os casos, superior a 21 anos de idade.

Quadro 21 – Reclusos condenados, segundo os crimes e idade em Abril de 2000 no EP de Vale de Judeus

rimes	Crimes Contra as Pessoas			Crimes Contra os valores e Inter. da Vida em Soc.				Crimes Contra o Património						Crimes Relativos à Droga				Outros Crimes		
xo de	Homi-cídio	Ofensas Corp.	Out.	Viol. Estup. ou Atent. ao Pudor	Incêndio ou Perigo de Incêndio	Asso-ciação Crimi.	Out.	Furto Simples ou Furto Qualifi.	Furto de uso de Veículo	Roubo	Burla Abuso de Con-fiança	Out.	Traf. (Art. 23 e 25)	Trafi-cante Consu-midor	Con-sumo	Out.	E. Cheq. S/ Cober-tura	**TOTAL**
-20																		**0**
e +	94	12	39	32	0	8	47	112	7	106	27	16	262	1	5	3	15	7	**841**
mens tal)	94	12	39	32	0	8	47	112	7	106	27	16	262	1	0	3	15	7	**841**

Fonte: Quadro elaborado pelo EP Vale de Judeus, 2000.

GRÁFICO 6 – Reclusos condenados, segundo os crimes no EP Vale de Judeus, Abril de 2000

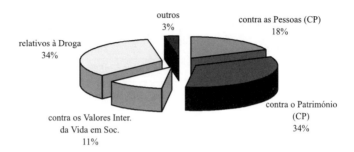

Fonte: Gráfico elaborado a partir dos dados no Quadro 20.

1.3. *População reclusa no Estabelecimento Prisional de Tires*

Criado em 1953 com a designação de Cadeia Central de Mulheres esteve a cargo de uma Congregação religiosa até 1980. Estabelecimento com a designação de segurança misto, tem uma lotação de 569 reclusas.

Sito no Concelho de Cascais, Distrito de Lisboa, o Estabelecimento Prisional de Tires é constituído exclusivamente por população feminina. Em Maio de 2000 o número de reclusas ascendia a 440. Das 440, 363 são portuguesas e 77 são cidadãs estrangeiras. Importa referir que este estabelecimento, além de reclusas condenadas, tem uma população de reclusas preventivas que na aludida data ascendiam ao número de 341.

QUADRO 22 – População prisional do EP de Tires de acordo com a nacionalidade

NACIONALIDADE	POPULAÇÃO RECLUSA
Portuguesa	363
Estrangeira	77
TOTAL	**440**

Fonte: Quadro elaborado a partir dos dados fornecidos pelo EP de Tires, 2000.

Parte III – Análise de Dados 71

No que respeita ao tipo de crimes é possível indicar uma nítida prevalência do crime de tráfico de estupefacientes, num total de 341, seguido pelo crime de roubo, apenas com 23, o crime de burla/abuso de confiança, com 20, o crime de furto com 19, o crime de homicídio com 18, seguido de outros crimes com expressão numérica substancialmente menor.

Apenas seis reclusas têm idade inferior a 21 anos de idade, todas as demais são de idade superior.

QUADRO 23 – Reclusas condenadas, segundo o crime e idade em Abril de 2000, no EP Tires

crimes	Crimes Contra as Pessoas			Crimes Contra a Vida em Soc.			Crimes Contra o Patrimônio						Crimes Relativos à Droga				Outros Crimes	
	Homi-cídio	Ofensas Corp.	Viol. Estup. ou Atent. ao Pudor	Out.	Incêndio	Asso-ciação Crimi.	Out.	Furto Simples ou Furto Qualifi.	Furto de uso de Veículo	Roubo	Burla Abuso de Con-fiança	Out.	Traf. (Art. 23 e 25)	Trafi-cante Consu-midor	Con-sumo	Out.	E. Cheq. S/ Cober-tura	TOTAL
6-20	1									1			4					6
e +	17	1	2	1		2		19		22	20	2	337	6		1	0	4	434
ulheres otal)	18	1	2	1		2		19		23	20	2	341	6		1		4	440

Fonte: Quadro elaborado pelo EP de Tires, 2000.

GRÁFICO 7 – Reclusas condenadas, segundo os crimes no EP Tires, Abril de 2000

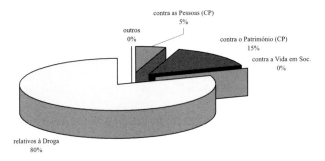

Fonte: Gráfico elaborado a partir dos dados fornecidos pelo EP Tires, 2000.

2. Análise da informação recolhida nos questionários

Os questionários foram concebidos de forma a coligir informação em seis grupos, a saber:

- identificação;
- comportamentos de risco;
- situação jurídico-penal;
- comportamento prisional;
- perspectivas de reinserção social;
- representação do recluso quanto ao motivo e crime cometido, à sua situação de reclusão e perspectivas de reinserção social.

Será, precisamente, de acordo com estes grupos de informação que se procederá à tentativa de análise, numa grelha que facilita uma leitura compreensiva da informação de forma sintética a fim de privilegiar uma noção mais clara dos aspectos que se nos afiguram mais significativos nos percursos de vida dos reclusos[63].

Se a generalidade dos aludidos grupos não suscitará grandes dúvidas quanto à sua compreensão, cumpre esclarecer o que se entende por comportamento de risco. Como conceito operativo de ordem explicativa, é aqui utilizado como a concretização de um outro conceito: o de factor criminógeno.

Ora, factor criminógeno corresponde a todos os elementos objectivos que intervêm na produção do fenómeno criminal.[64] Perante tal vacuidade o comportamento de risco aparece como a específica concretização, levada a efeito por um certo indivíduo, de um potencial factor. Essa concretização surge, perante o caso específico, como possível causa que precede um efeito, a saber: o cometimento do crime.[65]

---

[63] Como estudo meramente exploratório a nossa abordagem não aprofunda a análise biográfica a qual fica apenas delineada, na boa tradição da Escola de Chicago, ou seja, coligindo duas fontes de informação: histórias de vida e fontes documentais.

[64] Conforme o ensinamento de Pinatel, J., *La criminologie*, 1960, p. 67.

[65] Não cabe na economia deste trabalho a reflexão sobre os conceitos de factor, causa e comportamento de risco ou, simplesmente risco, basta-nos a indicação do sentido que no texto são empregues.

Sendo habitual[66] dividir os factores criminógenos em três grupos: factores físicos, factores sociais e factores psíquicos, o nosso levantamento apenas elegeu os dois últimos e, destes, unicamente privilegiou alguns dos possíveis índices.

Cumpre referir que apenas se seleccionaram os índices mais impressivos, verdadeiros pontos de referência na possível correlação e, portanto, nunca devem ser encarados como exaustivos nem interpretados no sentido de predispor a um nexo causal[67].

Propendendo para o princípio da multiplicidade dos factores causais ou para a constelação etiológica, a escolha foi indubitavelmente reduccionista o que será defensável num estudo meramente exploratório.

Um reparo para o derradeiro grupo que encerra a visão dos reclusos quanto ao motivo e crime cometido, à reclusão e às perspectivas de reinserção. Este particular enfoque da realidade, especialmente valorizado em criminologia por, entre outros, Maurice Cusson[68], constitui uma mais valia, um outro "olhar", no sentido que se possa captar da análise dos dados recolhidos.

Uma outra distinção na nossa abordagem é ditada pelo género da população nos estabelecimentos prisionais e, dentro do Funchal, pelas populações feminina e masculina.

Cumprimos, assim, o adágio da escolástica, perante o problema optamos por distinguir antes de reconstruir.

---

[66] Confira-se Mannheim, H., *Criminologia Comparada*, I, 1984, pp. 300-301.

[67] Recorde-se que a relevância causal em criminologia deve ser utilizada com parcimónia. Mesmo os Gluecks que utilizavam com frequência o termo causa, advertiam que não o utilizavam no sentido usual, cf. *Physique and Delinquency*, 1956, pp. 40-43. Na obra de Sheldon Glueck, *The problem of Delinquency*, 1959, a problemática da causa da delinquência merece alguns capítulos, pp. 20-29, 33-38, 38-40, 40-43. Com particular interesse, Cressey, D., «Crime», in Merton, R., Nisbet, R., já cit., pp. 160-185. Mais recentemente, Correra, M., Martucci, P., *Elementi di Criminologia,* 1999, pp. 41-71. Por fim, a excelente síntese de Reckless, W., *The Crime Problem*, 1961 (3.ª ed.), pp. 233 a 360.

[68] Sobretudo na obra *Déliquants porquois?*, datada de 1981.

2.1. População estrangeira feminina reclusa no EP do Funchal

1. Na *identificação individual* das reclusas estrangeiras foi possível constatar algumas características comuns, certos traços prevalecentes e uma diversidade contida.

Todas residiam no país de origem, sendo estes tão diversos como a Tailândia, Brasil, Colómbia, Venezuela ou África do Sul.

As idades a oscilarem entre os 23 anos e os 45 anos de idade, têm como média etária 33 anos de idade.

Todas são solteiras salvo uma reclusa que é divorciada. No entanto, também com uma excepção, todas têm filhos.

As habilitações literárias situam-se ao nível do 12.º ano de escolaridade, havendo um único caso de licenciatura, o que explica que a actividade profissional desenvolvida seja ao nível do trabalho fabril, de secretariado, e trabalho indiferenciado ou, mesmo, o desemprego. Ressalva-se a reclusa licenciada que era professora. Os casos de abandono precoce dos estudos foram justificados por razões económicas ou por gravidez.

Na data do cometimento do crime a situação económica das reclusas, segundo a sua percepção, era média, apenas uma reclusa se assumiu como de baixa condição económica. A quase totalidade das reclusas na data do cometimento do crime não estavam empregadas.

A generalidade das reclusas, na aludida, data estabelecia laços muito ténues com a sua família de origem.

O meio de residência foi uniforme: o urbano.

2. Quanto aos *factores de risco* prévios ao cometimento do crime, não existem casos de indícios de anomalia mental, em caso algum havia registo criminal e nos comportamentos de risco apenas uma reclusa estava exposta dado a sua inserção num bando delinquente.

3. No que respeita à *situação jurídico-penal* todas as reclusas estavam em cumprimento de pena efectiva, o crime porque cumpriam pena era de um só tipo: tráfico de estupefacientes.

As penas aplicadas oscilam entre 5 anos de prisão e 10 anos e 6 meses de prisão, o tempo médio das penas situa-se nos 7 anos de prisão. Em todos os casos à pena de prisão acresce a pena acessória de expulsão e, em todos eles, por períodos de 10 anos.

Apenas num único caso, o facto de se tratar de arguida estrangeira foi circunstância agravante na medida da pena, em todos os outros essa circunstância é irrelevante.

As reclusas não tinham processos pendentes. Em cerca de 90% dos casos assumiram em julgamento o crime, confessando os factos.

Quanto aos motivos que levaram ao cometimento do crime, os puramente económicos representam cerca de 80%, nos restantes casos para além dos motivos económicos, foram determinantes razões passionais, o "namorado pediu".

4. No que respeita à *situação prisional* as reclusas têm um comportamento que se divide em partes iguais pelo bom e pelo regular. Todas são colaborantes com o sistema prisional, encontrando-se a trabalhar.

Metade das reclusas afirmou que o facto de ser estrangeira não dificultou a sua adaptação à prisão, a outra metade referiu como dificuldades de adaptação a língua e a alimentação.

Nenhum dos casos beneficiou de medidas de flexibilização e as visitas de familiares são praticamente inexistentes.

5. As *perspectivas de reinserção social* desta população reclusa colocam-se, de forma unânime, no seu país de origem.

Todas referem apoio familiar (quando da sua libertação) nos países de origem e afirmam, com a excepção de um caso, a garantia de uma ocupação laboral.

Os serviços de reinserção não puderam em caso algum confirmar e, menos, intervir, no sentido de ulterior reinserção social das reclusas junto aos respectivos países de origem. A sua actuação limitou-se ao apoio psicossocial.

Na perspectiva de 20% das reclusas, o trabalho no interior da prisão é-lhes útil pois lhes ensinou o português e a "fazer tapetes de arraiolos", algo que desconheciam.

6. Nas *questões abertas* foi possível surpreender alguns vectores comuns.

Assim, a razão dada para *cometer um crime num país estranho ao seu*, com os riscos que tal importa, foi prevalecentemente o facto de que "rendia mais", isto é, o motivo económico justificava o risco acrescido, tanto que, acrescentavam, no seu país havia muita droga e o tráfico interno "pouco rende". Fora desta justificação encontram-se os motivos passionais: "o namorado pediu e eu concretizei. Não olhei a país nem a nada".

Quanto à *percepção da medida da pena*, por uma reclusa foi considerada benéfica (5 anos de prisão), por outra foi considerada correcta (5 anos de prisão) e, nos restantes casos, foi considerada "muito gravosa".

Quando foi percepcionada como gravosa, não percebiam sequer porque tinha sido tão grave (10 anos e 6 meses de prisão) até porque, diz "é primária".

Existe, ainda, a negação da prática do crime e, assim, "os 8 anos de prisão são um exagero para quem não cometeu nenhum crime".

Nem todas as reclusas preferem *cumprir a pena* de prisão no seu país de origem, apenas 50%. Das restantes, uma não soube decidir-se – respondeu "sim e não. Não porque as cadeias são muito sangrentas (sic.). Sim porque poderia ver as filhas crescer." E, as outras reclusas preferem continuar a cumprir pena em Portugal pois no seu país de origem não existem as "condições de higiene, conforto e tranquilidade" que existem em Portugal. A violência existente nas prisões nos países de origem parece ser motivo determinante para a resposta das reclusas.

Considerando que as reclusas serão expulsas para o país de origem ao ser-lhes concedida liberdade condicional ou, no termo da pena, é interessante verificar que existe um caso em que se receia represálias ao voltar, por parte das "pessoas que a envolveram no tráfico".

2.2. *População estrangeira masculina reclusa no EP do Funchal*

1. Da informação recolhida quanto à *identificação individual* dos reclusos é possível estabelecer um núcleo de semelhanças ou características comuns pese a diversidade manifestada a certos níveis.

Um dado diversificado é-nos dado pelo país de origem, em 20 reclusos apenas três tinham idêntica nacionalidade, concretamente, a Nigeriana, todos os outros são cidadãos de diferentes nacionalidades.

O local da residência coincide, na generalidade, com o do país da nacionalidade. As excepções, no número de cinco, reportam-se a cidadãos de países africanos com residência na Europa.

As idades entre os 19 e os 72 anos de idade, têm como média 42 anos de idade.

Quanto ao estado civil e exceptuando-se dois divorciados, a população divide-se em partes iguais entre casados e solteiros, sendo que neste último estado civil alguns dizem viver maritalmente.

Verificou-se que os reclusos com menor índice etário estavam, em regra, desvinculados dos laços familiares, o que já não se verificou em idade mais avançada (+ 30 anos de idade).

As habilitações literárias são bastante díspares, de licenciatura até à ausência absoluta de estudos, daí ser difícil estabelecer um nível médio, a arriscar seria entre o 10.° e o 12.° ano de escolaridade. O abandono dos estudos é justificado pela necessidade de trabalhar, isto é, motivos económicos, ou pelo facto de terem iniciado uma actividade laboral, o que se reconduz aos aludidos motivos.

A diversidade de habilitações literárias está de acordo com a pluralidade das actividades profissionais desenvolvidas: desde o caso do recluso que afirmou nunca ter exercido qualquer profissão ao engenheiro, passando pelo piloto de aviação civil, ao guia turístico, ..., a pluralidade é avessa a permitir a afirmação por um tipo de actividade profissional, existem alguns casos de comerciantes, de estudantes mas de expressão contida. Quando o cometimento do crime que motivou a reclusão cerca de 70% dos reclusos não tinha vínculo laboral.

Nem todos os reclusos têm suporte ou vínculo familiar estável, como já se disse, mas cerca de 60% refere ter filhos, dois dos reclusos com 5 filhos, dois outros com 3 filhos e os restantes com 2 ou 1 filho.

Mais de metade dos reclusos avaliaram a sua situação económica no patamar inferior do questionário: baixa. Os restantes situaram-se no patamar médio.

Quanto ao meio da residência ele é prevalentemente o urbano, cerca de 80%, sendo 10% suburbano e os outros 10% meio rural.

78   *Reclusos Estrangeiros: um estudo exploratório*

2. Os *factores de risco* ao nível de patologia mental são inexistentes, apenas 2 casos têm antecedentes criminais, a falta de emprego é referida com alguma frequência (40%) e o consumo de estupefacientes e álcool apresenta uma expressão modesta (12%). A inserção em bando é referida num único caso.

3. *Situação jurídico-penal.* Todos os reclusos estavam em cumprimento de pena. As condenações têm em 90% dos casos como fundamento a condenação por crime de tráfico de estupefacientes. Os restantes 10% repartem-se por crimes de furto e associação criminosa.

Apenas um recluso tinha dois processos pendentes, todos os outros não tinham processos crime seja em fase de inquérito, instrução, julgamento ou de recurso. A confissão dos factos em julgamento foi a regra, 97% dos reclusos assumiu o crime.

A medida concreta da pena oscila entre os 4 anos e 6 meses de prisão e os 20 anos de prisão, o tempo médio das penas situa-se nos 7 anos de prisão.

Em todos os casos, à pena de prisão acresce a pena acessória de expulsão, em mais de 60% o período de expulsão é por 10 anos, o tempo médio é de 8 anos.

O motivo estritamente económico ou ligado a outros factores como a toxicodependência, representa 90% da causa do cometimento do crime. Os restantes motivos repartem-se entre as "razões passionais" e a coacção, "sobre si e a companheira".

Em caso algum o facto de se tratar de cidadão estrangeiro foi considerada circunstância agravante na escolha e medida da pena.

4. No tocante à *situação prisional* existe comportamento exemplar (10%), uma prevalência do bom comportamento (75%), uma taxa de 10% no comportamento regular e uma expressão diminuta quanto ao comportamento irregular. Todos são colaborantes com o sistema prisional e cerca de 90% tem ocupação laboral.

Mais de metade dos reclusos refere não ter tido dificuldade de adaptação à prisão por ser estrangeiro, os que referiram dificuldades nomearam como factor segregador a língua. Houve um recluso que, para além da língua, nomeou a religião como factor de obstáculo, e outro, também em conjugação com o factor língua, alude a questões raciais.

5. A *reinserção social* desta população reclusa, com excepção de dois casos, só tem sentido no seu país de origem. Quanto às excepções elas são de cidadãos não europeus que se estabeleceram em países da Europa (não em Portugal).

Em 85% dos casos é referida a existência de apoio familiar quando o regresso ao país de origem, mas apenas cerca de 30 % afirmam ter emprego certo ao regressar.

Os serviços de reinserção, além do apoio psicossocial, não lograram intervenção alguma junto aos países de origem com vista a ulterior reinserção social.

6. Tal como junto da população feminina, nas *questões abertas*, os homens revelaram alguns vectores comuns.

A razão de maior lucro prevalece como o motivo do risco acrescido, justificando o cometimento do crime fora do seu país. No caso de se tratarem de meros executores a deslocação ao estrangeiro foi "mera circunstância de percurso". A "coacção", a "ignorância" e a "indiferença" foram motivos que também surgiram neste contexto.

Em cerca de 60% os reclusos percepcionaram a medida concreta da pena como demasiado elevada, os 40% restantes consideraram a sua pena "justa" ou "adequada". Um recluso afirma a sua inocência, razão pela qual entende a sua pena muito elevada (5 anos e 4 meses de prisão) mas acrescenta ser uma pena adequada ao crime de que o condenaram "injustamente".

Cerca de 60% dos reclusos preferia cumprir pena de prisão no seu país de origem, as razões apontadas são o apoio familiar que aí encontram. Os restantes preferem cumprir a pena em Portugal, por terem "receio de violência nas cadeias do seu país", por "medo de represálias", de "tortura", ou, "por Portugal ser mais tranquilo".

Face à questão aberta sobre se o recluso se sente marginalizado no Estabelecimento Prisional, pergunta a ser equacionada com a já feita sobre as dificuldades da adaptação ao meio prisional, os reclusos responderam em 80% que não. Os restantes aludiram à língua e ao racismo e um caso, num enfoque muito particular, afirma "a marginalização sentida vem do facto de não consumir drogas e ser bem comportado, e por esse motivo é olhado de forma diferente".

O regresso ao país de origem não é para todos os reclusos isento de preocupações, cerca de 20% têm receio de "represálias", nalguns casos, dizem, até a "família já recebeu ameaças". Um dos reclusos, ao ser confrontado com a questão referiu "muito receio (em voltar) pois no seu país tem pena de morte para o tráfico".

2.3. *População estrangeira reclusa no EP de Vale de Judeus*

1. Neste Estabelecimento Prisional e quanto ao núcleo *identificação individual* dos reclusos, é possível verificar além da diversidade dos países de origem, também constante do EP Funchal, uma frequência de cidadãos estrangeiros oriundos de países de expressão portuguesa, concretamente Angola, Cabo Verde e Guiné. Todos estes estrangeiros de países de expressão portuguesa forneceram residência em Portugal e não nos seus países de origem. Os restantes cidadãos estrangeiros indicaram residência no seu pais de origem, com excepção de um cidadão Tanzaniano que afirmou residir na Grécia.

As idades oscilam entre os 27 e os 60 anos de idade. A média etária situa-se entre os 40 e os 41 anos de idade. Em regra são solteiros, apenas três têm estado civil de casados; no entanto, quase todos têm filhos, nalguns casos um número elevado: oito filhos, seis filhos, ...

Os cidadãos provenientes dos PALOP referem estreita ligação à família de origem, já não assim os restantes reclusos.

As habilitações literárias situam-se ao nível do 10.° ao 12.° ano de escolaridade, havendo um bacharelato e uma frequência da Escola Naval que são efectivamente excepções.

O abandono precoce dos estudos, quando existiu, foi fundado em razões económicas e, num caso particular, na instabilidade comportamental.

Salvo os cidadãos estrangeiros de países de expressão portuguesa os quais indicaram, todos eles, a profissão de pedreiro, os restantes reclusos têm ocupações profissionais muito diversas: cozinheiro, capitão de marinha, agricultor, comerciante, pescador, ...

O estatuto económico prévio ao cometimento do crime reparte-se em termos quase equivalentes entre o nível baixo e médio, um único caso é indicado como de nível elevado. Na data do cometimento do crime é referida a situação de desemprego por cerca de 65% dos reclusos.

Com uma única excepção o meio da residência dos reclusos era urbano, a excepção pertencia ao meio suburbano.

2. Nos *factores de risco* são identificados nos reclusos estrangeiros de Cabo Verde e Angola o grupo de pares, este mesmo factor de risco é identificado em dois outros casos de reclusos. A inactividade laboral e séria dificuldade económica é factor partilhado por diversos reclusos. Identificados foram, ainda, o desenquadramento familiar e o consumo de estupefacientes. Em cinco reclusos não foi possível identificar qualquer factor de risco.

Apenas um caso, de um cidadão francês, registava antecedentes criminais no estrangeiro, veio a Portugal fugido à justiça do seu país de origem.

Ao nível da sanidade mental não há qualquer indício de anomalia salvo um único caso em que se indicia sinais de esquizofrenia.

3. A situação *jurídico-penal* apresenta uma constante: todos os reclusos estavam em cumprimento de pena. O tipo de crime mais comum (+ 60%) é o de tráfico de estupefacientes, seguido por homicídio, os restantes têm apenas expressão singular: roubo, falsificação de documentos, ...

Com frequência existe a verificação de mais de um tipo de crime por recluso.

A quase totalidade dos reclusos não tem processos pendentes, ressalvando-se uma única excepção. A confissão dos factos em julgamento representa cerca de 87%.

As penas oscilam entre os 7 e os 20 anos de prisão, o tempo médio situa-se nos 12 anos de prisão.

Com excepção de dois estrangeiros oriundos de Cabo Verde e Guiné, todos os outros foram condenados em pena de expulsão.

A expulsão oscila entre os 5 e os 20 anos, sendo o tempo prevalente de 10 anos. Existe um caso em que se verifica um pedido de extradição.

Em caso algum o facto de se tratar de cidadão estrangeiro foi considerado como motivo expresso de agravante da pena.

Nos motivos de crime, a motivação económica é prevalecente nos tráficos de estupefaciente, nas falsificações e no roubo. Já nos homicídios os motivos são passionais ou situados em contextos de violência doméstica e/ou social.

4. A *situação prisional* ao nível do comportamento dos reclusos regista dois comportamentos exemplares, uma preponderância clara do bom comportamento e dois casos ao nível meramente regular.

A quase unanimidade dos reclusos é colaborante com o sistema e tem ocupação, um única excepção de não colaboração e inactividade por parte do recluso com o pedido de extradição.

Quanto a medidas de flexibilização da pena estas existem nos reclusos em que não foi decretada pena acessória de expulsão, nos restantes elas são inexistentes.

Nos estrangeiros oriundos de países de expressão portuguesa, verifica-se visitas de familiares e amigos. Nos restantes reclusos as visitas são raras ou inexistentes.

Na questão sobre as dificuldades da adaptação ao meio prisional os reclusos dividem-se entre uma maioria que afirma inexistir, pelo facto de ser estrangeiro, qualquer dificuldade de adaptação, e um número mais reduzido que enumera os problemas da língua e da alimentação como factores de dificuldade específicos da sua situação de estrangeiros.

5. A *reinserção social* desta população prisional é susceptível de duas subdivisões: uma que abarca os reclusos estrangeiros provenientes de países africanos de expressão portuguesa, e uma outra que abranja os restantes.

Assim, os reclusos de Angola, Cabo Verde e Guiné, com excepção dos que têm pena de expulsão, colocam as perspectivas de reinserção social em Portugal, onde já têm família. E, os que têm pena acessória de expulsão acalentam a ideia de que esta venha a ser indultada a fim de poderem estabelecer-se em Portugal.

Os restantes reclusos têm perspectivas de reinserção ou no seu país de origem ou num outro país europeu onde se haviam estabelecido antes do cometimento do crime. De acordo com a aludida distinção o trabalho do IRS também foi diferente: quanto aos reclusos com projectos em Portugal a intervenção é activa, seja na atribuição de subsídios à família para visitas ao recluso, na elaboração de documentação de regularização da situação (v.g., o relatório de indulto), etc. Nos outros casos, além do apoio psicossocial que a todos abrange, não existe outro tipo de intervenção.

6. Nas *questões abertas* e justificando a razão do "arriscar" cometer o crime fora das fronteiras do seu país, o motivo "maior lucro" e Portugal ser um mero "percurso" são as razões prevalecentes. Após este núcleo, existem razões dispersas: "estava em fuga do país de origem", foi uma questão de "oportunidade". Os estrangeiros de Cabo Verde e Angola, já estabelecidos em Portugal, confrontados com a questão responderam "ser aqui que residem".

A quase totalidade dos reclusos sente a pena que lhe foi aplicada "excessiva", "muito elevada para o crime cometido". Apenas um caso entende que a pena foi "adequada", é uma pena de 7 anos de prisão com medida acessória de expulsão por 6 anos, o crime é tráfico de estupefacientes.

Apenas um único recluso afirmou sentir-se marginalizado em relação aos reclusos portugueses, isto porque "não tem precárias".

Pouco mais de metade dos reclusos inquiridos preferiam cumprir pena no seu país de origem, as razões apontadas para tal são o puderem receber visitas e apoio da família. Os restantes dizem ter receio em cumprir pena no seu país de origem, havendo casos que afirmam "recear pela sua vida".

Quanto ao regresso ao seu país de origem nem todos o vêm sem preocupação. A razão para essa preocupação ou advém de razões políticas e étnicas ou de ameaças das "redes" do tráfico ou, ainda das ameaças da "família da vítima", sendo este caso o de um recluso condenado por homicídio qualificado. No entanto, a larga maioria dos reclusos não vê receio de represálias quando o seu regresso.

2.4. População estrangeira reclusa no EP de Tires

1. Ao nível da *identificação individual* as reclusas provêm de países da América do Sul (Brasil, Colómbia, Venezuela, ...) e do continente africano, mais concretamente dos países de expressão portuguesa (Guiné, Cabo Verde, ...), neste caso o último local de residência é Portugal. As reclusas provenientes da América do Sul têm residência no seu país de origem.

As idades oscilam entre os 23 anos e os 48 anos de idade, a idade média das reclusas situa-se nos 36 anos de idade.

Em regra, o estado civil é o de solteira, existe um caso em que o estado civil é a de casada e um outro de divorciada. Sem excepção, todas as reclusas têm filhos, um a dois filhos mas existem dois casos em que as reclusas têm cinco e sete filhos, respectivamente.

As reclusas provenientes do continente africano afirmam existir forte vínculo familiar contemporâneo à data do crime o que não é, de forma alguma, a regra em relação às restantes reclusas.

As habilitações literárias situam-se ao nível do 6.° ano de escolaridade mas oscilam entre o analfabetismo e a frequência do 1.° ano do Curso de Direito.

Os motivos apresentados para o abandono dos estudos são diversos, prevalecem os económicos, seguem-se a desmotivação ocasionada por gravidez, casamento ou, simplesmente "falta de paciência", e existem situações que indicam o início da actividade laboral, problemas de saúde, o facto de ter sido presa.

Quanto ao desempenho profissional existem dois casos de inactividade e os restantes são muito diversos entre si: costureira, empregada de limpeza, operária fabril, cabeleireira, vendedora, ... No caso de ser indicada profissão esta não era exercida, em 80% dos casos, no tempo que antecedeu o cometimento do crime.

A situação económica vivida pelas reclusas era considerada ao nível baixo pela quase totalidade, apenas dois casos reconheciam estar a um nível económico médio.

O meio de residência é na quase totalidade o urbano, uma única excepção para um meio suburbano.

2. Não existem indícios de anomalia mental. Apenas um caso tinha antecedentes criminais (no estrangeiro). Quanto a outros *factores de risco* em cerca metade das reclusas não foram identificados nenhuns, na outra metade são referidos: consumo de estupefacientes, desenquadramento familiar, grupo de pares e "instabilidade emocional".

3. No que respeita à situação *jurídico-penal* todas as reclusas inquiridas estavam em cumprimento de pena e o crime cometido foi o de tráfico de estupefacientes.

A pena aplicada oscila entre 4 anos e 11 anos de prisão, o tempo médio das penas é de 6 anos e 6 meses de prisão.

Com uma única excepção, as reclusas não têm processos contra si pendentes. A grande maioria assume em julgamento o cometimento do crime, a confissão dos factos representa cerca de 89%.

Em regra à pena de prisão acresce a pena acessória de expulsão, na maioria dos casos pelo período de 10 anos. No entanto, em dois casos não foram aplicadas penas acessórias de expulsão e num terceiro caso essa pena foi indultada. As reclusas que não sofreram pena de expulsão eram nacionais da Guiné Bissau e o indulto recaia sobre uma cidadã nacional de Cabo Verde.

Em dois casos a nacionalidade estrangeira foi expressamente considerada agravante na medida da pena.

O motivo do crime é exclusivamente económico, num único caso ao motivo económico adiciona-se o auto-consumo de estupefacientes.

4. Na *situação prisional* prevalece o bom comportamento mas existem duas situações de comportamento irregular as quais se enquadram numa instabilidade comportamental que numa das reclusas se traduz na ausência deliberada de colaboração com o sistema prisional.

Salvo esta excepção, todas as restantes reclusas são colaborantes com o sistema e, mesmo na excepção, todas têm ocupação.

As reclusas com pena acessória de expulsão não beneficiam de medidas de flexibilização da pena. Já as reclusas sem esta medida ou a quem esta medida foi indultada, beneficiam de saídas precárias e uma está em Regime Aberto Voltado para o Interior (RAVI).

Além dos dois casos de instabilidade comportamental/emocional que dificultam a adaptação ao meio prisional, as reclusas não sentem dificuldades de adaptação. Embora se colocassem apenas no início da reclusão e, portanto, actualmente ultrapassadas, foram referidas dificuldades no que respeita à alimentação e um caso de séria depressão que se traduziu numa tentativa de suicídio.

5. No domínio da *reinserção social* cumpre distinguir os casos em que não existe a medida de expulsão, nestes as perspectivas de reinserção situam-se em Portugal, onde já têm apoio familiar, daqueles em que existe a pena acessória de expulsão, estes últimos têm o meio de reinserção no respectivo país de origem.

Em todos os casos foi afirmado existir no domínio da inserção familiar o apoio da família.

Quanto a perspectivas de ocupação laboral uma vez em liberdade, em caso algum havia ocupação garantida.

6. Nas *questões abertas* e perante o porquê em *cometer um crime num país que não era o seu*, cumpre distinguir entre as que responderam que já viviam em Portugal das outras reclusas sem ancoragem no nosso país.

Nos casos, majoritários, em que não existem vínculos das reclusas a Portugal, a resposta que prevaleceu foi a de haver um maior ganho económico, a outra razão apontada foi a de ser um país que estava no percurso que haviam de fazer, num caso a resposta foi a de que "não sabia que tinha droga", "está inocente".

Na percepção da gravidade, adequação ou benevolência da *pena aplicada*, as opiniões dividem-se: dois casos qualificam-na de muito elevada (são penas de 7 anos e 6 anos de prisão, respectivamente), quatro consideram-na elevada (são penas de 6 anos, 7 anos e 11 anos de prisão), três dizem-na correcta (ambas são penas de 6 anos e 6 meses de prisão) e um caso classificou a pena (7 anos de prisão) "certa" ou, então, "foi pouco porque era a presidente do Conselho dos Adolescentes e Criança" no seu país.

A maioria das reclusas prefere cumprir pena em Portugal a fazê-lo no seu país de origem. No que respeita às reclusas oriundas de países africanos de expressão portuguesa o motivo da sua preferência é o de desejar estabelecer ou manter vida em Portugal onde têm familiares. Quanto às restantes reclusas, nacionais de países da América do Sul, referem as más condições das prisões no seu país de origem, comparando-as a Portugal.

Apenas quatro reclusas optariam por cumprir pena no seu país de origem porquanto aí teriam o apoio da família.

No que diz respeito ao receio de represálias quando o regresso ao país de origem, embora a maioria tenha afirmado que não têm qualquer receio, verificam-se três casos em que a resposta foi positiva. As razões apontadas para o receio são o terem recebido ameaças, sejam elas próprias na prisão, seja a família no país de origem. As ameaças provêm dos co-arguidos ou, então, do "dono" da droga.

2.5. Síntese

Importará destacar alguns aspectos marcantes na generalidade da população estrangeira examinada.

No que respeita à idade, a média etária feminina é mais baixa do que a masculina: 33 anos de idade nos EP do Funchal (feminino) e Tires; e, 41,5 nos EP de Funchal (masculino) e Vale de Judeus. É, no entanto, possível afirmar que estes reclusos, por norma, não são nem muito jovens nem idosos. Tendo em consideração a média de idades da população prisional em 1999, diria que as reclusas estrangeiras estão abaixo da média etária que para as mulheres é de 36 anos de idade, e que os reclusos estrangeiros têm idade superior à média dos homens que é de 33 anos de idade.

Em regra, o estado civil (homens e mulheres) é o de solteiro embora exista um número apreciável de uniões de facto o que parece explicar a alta percentagem de reclusos com descendência.

Não se pode estabelecer como norma a desvinculação dos reclusos à sua família de origem. Neste particular parece resultar uma diferença entre os reclusos africanos e os restantes, aqueles com laços familiares mais estreitos do que estes.

Quando se verificam habilitações literárias estas colocam-se ao nível do 10.° ano de escolaridade. As dificuldades económicas surgem como factor predominante do abandono do percurso académico.

Pese o facto de a esmagadora maioria dos reclusos ter exercido uma profissão, na data do cometimento do crime a regra é a da falta de emprego.

Aliás, as razões económicas são o motivo determinante do cometimento do crime para a maioria dos casos em que são crimes de tráfico de droga e contra o património, já não assim no caso de crimes contra as pessoas. Atente-se que a pressão económica como causa do crime não se identifica com pobreza, antes parece resultar de necessidade proveniente de obrigações ou expectativas socialmente assumidas [69].

O meio da residência é quase uniformemente o urbano.

Ausência de antecedentes criminais conhecidos e de problemas do foro mental são outras duas constantes desta população.

Em cumprimento efectivo de pena e sem processos pendentes, estes reclusos cumprem penas cujo tempo médio se situa entre os 7 e os 12 anos de prisão, sendo frequente à pena de prisão acrescer a pena de expulsão do território nacional. Em audiência de julgamento, por regra, assumem o crime cometido, confessando os factos de que são acusados.

Em reclusão registam bom comportamento, estando com ocupação laboral e colaborando com o sistema prisional.

Embora se verifiquem algumas especificidades das populações estrangeiras recluidas em Vale de Judeus e Tires em relação ao Funchal, os traços comuns suplantam largamente as diferenças.

Mas existem diferenças relevantes no interior deste universo.

Em bom rigor, a verdadeira distinção está no número elevado de estrangeiros oriundos de países africanos de expressão portuguesa reclusos nas cadeias do continente, o que não acontece nas cadeias insulares, nomeadamente a do Funchal. Compreende-se que assim seja porquanto esses reclusos tendo apoio de familiares e amigos residentes em Portugal continental, a DGSP faculta a sua reclusão junto desses núcleos de apoio.

---

[69] Conforme defendido por Jack Katz: as pressões económicas no sentido do crime provêm não das necessidades básicas mas sim das obrigações assumidas socialmente (in *Seductions of Crime*, 1998, pp. 215-218).

E, efectivamente, a diferença entre os estrangeiros dos países de expressão portuguesa e os restantes, não se basta com a colocação nos estabelecimentos do continente e no apoio de familiares e amigos, existem outras características distintivas sobretudo ao nível dos trabalhos dos técnicos de reinserção social e à representação do recluso em relação à reclusão e perspectivas de reinserção. Tal significa que o universo recluso estrangeiro não é homogéneo.

Importa, assim, distinguir.

2.5.1. *Reclusos estrangeiros oriundos de países africanos de expressão portuguesa*

Ao nível da identificação estes reclusos são cidadãos de nacionalidade Angolana, Cabo Verdeana e de Guiné Bissau [70].

Na generalidade, o local da residência destes reclusos antes do cometimento do crime situa-se em Portugal.

A idade média é de 35 anos de idade, o estado civil é o de solteiro embora quase todos tenham filhos resultantes de união de facto e, por norma, mantêm os laços familiares .

As habilitações literárias são muito reduzidas, oscilando entre o analfabetismo e o 7.° ano de escolaridade, as actividades profissionais embora diversificadas colocam-se no nível correspondente às ditas habilitações: costureira, empregada de limpeza, pedreiro, ... O abandono dos estudos provém de razões económicas.

O estatuto económico é invariavelmente baixo e advêm de meio urbano e suburbano.

Raramente se indiciam comportamentos de risco e havendo-os colocam-se no grupo de pares.

Sem problemas do foro psíquico e sem antecedentes criminais, são sobretudo condenados por crime de tráfico de estupefacientes embora existam condenações por outro tipo de crime, do qual ressalta o crime de homicídio. Em regra não têm processos pendentes.

---

[70] Atente-se que tal corresponde à quantificação constante do Quadro 6, o qual insere ainda os São-Tomenses e os Moçambicanos que embora apresentem um peso pouco significativo, superam em termos percentuais o seu peso na respectiva população residente.

Nem sempre à pena de prisão acresce a medida acessória de expulsão[71], assim podem gozar de medidas de flexibilização da pena, sendo o seu comportamento prisional bom, colaborante e com ocupação. Todos preferem cumprir pena em Portugal.

Ao nível da reinserção social as perspectivas colocam-se em Portugal onde têm, em regra, apoio familiar.

2.5.2. *Reclusos estrangeiros não oriundos de países africanos de expressão portuguesa*

Os restantes reclusos estrangeiros têm proveniências muito distintas, sendo possível indicar países do continente Africano, da América do Sul, Europa e da Ásia.

Em regra o seu local de residência é no país de origem.

As idades são muito díspares, dos 23 anos até aos 72 anos de idade; díspares são também as profissões e as habilitações literárias; e, díspar é, ainda, a sua vinculação familiar quando o cometimento do crime.

Um elemento de maior constância reporta-se ao estado civil: na esmagadora maioria são solteiros.

É possível afirmar que o nível económico é baixo ou médio, o meio residencial é o urbano, a maioria não têm antecedentes criminais nem se indiciam comportamentos de risco. No entanto, não convém menosprezar a componente deste grupo, embora em minoria, com antecedentes criminais no país de origem e com comportamentos de risco.

Aliás, é importante atentar no caso do recluso que vem para Portugal fugido à justiça do seu país de origem, este não é de forma alguma um caso inédito[72].

---

[71] E, quando esta existe, importará averiguar se a mesma não foi objecto de indulto. Uma análise sucinta desta medida, de fundamento político, nos últimos 20 anos permite-nos afirmar que esta beneficia de sobremaneira os estrangeiros (só em 1996 atinge cerca de 82% de todos os indultos) e, dentro desta população, os PALOP.

[72] A crença do menor rigor das autoridades portuguesas permite que Portugal seja considerado um local de refúgio, uma porta de entrada ilegal no espaço europeu e uma excelente alternativa para sair ilegalmente da Europa para os Estados Unidos ou para o Canadá.

O crime geralmente motivado por razões económicas é, na quase totalidade dos casos, o tráfico de estupefacientes e à pena de prisão, normalmente percepcionada como muito elevada, sempre acresce a medida acessória de expulsão. Em regra não têm processos pendentes.

Pese na fase de adaptação inicial possam ter dificuldades motivadas pela língua e a alimentação, inserem-se com facilidade no sistema prisional.

Comportamento prisional bom, colaborantes e com desempenho ocupacional no sistema prisional, estes reclusos não beneficiam de medidas de flexibilização, por esta razão a maioria (não a totalidade, sublinhe-se) preferia cumprir a pena no seu país de origem.

As suas perspectivas de reinserção colocam-se nos respectivos países de origem, cujo regresso nem sempre é isento de preocupações e, portanto, desejado.

PARTE IV
CONCLUSÕES

Um estudo exploratório como o presente, como já foi referido, não pretende obter conclusões no sentido de apresentação de teses, sugerir qualquer tipo de resolução ou, menos, de pôr termo a certas questões. Basta a articulação dos problemas e a formulação das próprias questões. E, mesmo assim, a pesquisa não será aceite sem reservas. A intromissão da ciência em certas esferas sempre depara com resistências, sobretudo em áreas em que as atitudes estão institucionalizadas ou obedecem a certo tipo de controlo, sobretudo o que advém de instâncias não oficiais e, mesmo aquele ditado por "modas" ou por interesses menos transparentes[73].

Aliás, um trabalho de investigação é sempre um produto individual, na perspectiva de resultar de labor de um concreto investigador ou de uma determinada equipe[74]. E, por outro lado, o resultado de pesquisas neste domínio sensível da sociedade[75] é obtido, nas raras vezes em que tal sucede, a longo prazo. São necessários alguns anos para que as ideias que resultam do estudo sejam recebidas e que a mentalidade vigente na data daquele esteja apta a receber os resultados, a apreender os problemas[76], embora esta asserção possa ser para-

---

[73] Para maior desenvolvimento sobre o potencial conflito da ciência com a estrutura social, Merton, R., "Science and Democratic Social Structure", in *Social Theory and Social Structure*, 1968, pp. 604-615.

[74] Neste sentido Hirschi, T.; Selvin, H., *Delinquency Research An Appraisal of Analytic Methods*, 1967, pp. 10-13.

[75] Domínio sensível porque se presta a polémica e no qual se utilizam abusivamente argumentos que se prendem com racismo e xenofobia numa concepção prepositadamente maniqueísta, para deslegitimar questões hoje relevantes como seja a da política populacional na Europa e, mais especificamente, a imigração ilegal. Com interesse, Bingo, D., «Europe Passoire et Europe Forteresse: La Sécurisation/ Humanitarisation de L' Immigration», in Rea, A., *Immigration et Racisme en Europe*, 1998, pp. 203-241.

[76] Neste sentido, o resultado do grupo de trabalho n.° 5 do Colóquio do 50.° Aniversário da Escola de Criminologia de Liége, in *Criminologie et Société*, 1998, p. 150.

doxal dado a rápida evolução e, portanto, mudança de factos que impõe uma renovada análise da problemática, porventura com novos métodos, enfoques e, eventualmente, alcançando soluções díspares das precedentes.

1. A destacar do enquadramento geral

Portugal que tradicionalmente era um país de emigração começa a constituiu-se a partir da década de 70 como um país de imigração.

Sobretudo desde os últimos vinte anos a esta data, o aumento de cidadãos estrangeiros residentes em Portugal vem aumentando de forma rápida e constante o que origina uma maior diversificação populacional.

A origem destes cidadãos estrangeiros tem sido, prevalecentemente, africana, concretamente vinda de países de língua portuguesa.

A par desta realidade visível a qual resulta dos números oficiais e contabiliza a permanência legal do estrangeiro, é possível, ainda, surpreender o crescimento do estabelecimento ilegal de estrangeiros em Portugal através da análise das expulsões administrativas levadas a efeito pelo Serviço de Estrangeiros e Fronteiras.

Os números são elucidativos: de 1966 a 1999 o aumento das expulsões – e, portanto, das entradas ilegais – aumentou de forma nítida e constante, nos últimos três anos os processos por expulsão administrativa praticamente quadruplicaram.

Um dado novo e interessante é-nos dado pela rápida inversão de prevalência dos países de proveniência: se até 1997 a nacionalidade com maior número de "entradas ilegais" era a de Angola, em 1998 e 1999 passa a ser a Moldávia, seguida pela Ucrânia, países estes sem afinidades "visíveis" com Portugal nem com tradição de imigração no nosso país. O seu rápido e súbito aparecimento deve justificar maior atenção a dar-se crédito a estudos que afirmam que a relação entre imigração e crime não está na racio dos imigrantes para a população mas sim na velocidade do influxo da imigração[77].

---

[77] Wallis, C., Maliphant, R., «Delinquent Areas in the County of London: Ecological Factors», *The British Journal of Criminology*, 1967 (7-3), pp. 250-284.

Ora, uma questão fulcral, embora apenas conexa com a dos reclusos estrangeiros, será a de saber se a imigração é responsável por crime, em que medida o é, que tipo de imigração pode estar associada ao crime, se a dita relação apenas surge na segunda geração; ou, um outro enfoque, saber qual a relação, dentro dessa população entre desemprego e crime, isto porque a falta de emprego afecta este segmento de cidadãos estrangeiros de forma particular[78].

Já no domínio da delinquência oficialmente comprovada e tomando como indicador a reclusão de cidadãos estrangeiros, é possível verificar um aumento quase constante de estrangeiros reclusos, sendo a população africana a ocupar um lugar de destaque (66%) em relação à proveniência europeia (18%) e da América do Sul (12%).

Este aumento que corresponde a semelhante crescimento de cidadãos estrangeiros no nosso país parece não estar directamente ligada ao estabelecimento legal destes, salvo em certa medida no caso dos cidadãos oriundos dos PALOP, antes provindo de imigração ilegal, de passagem fortuita em Portugal ou do denominado "turismo criminal".

O aludido destaque da população africana entre os reclusos corresponde à constatação de que a partir da década de noventa a África passou a ser um continente fortemente criminalizado[79], indicando-se países de expressão lusófona como muito activos no narcotráfico internacional[80].

O crime que na esmagadora maioria dos casos "justificou" a reclusão foi o tráfico de estupefacientes, seguido, sucessivamente, pelos cri-

---

[78] Se é verdade que a criminologia mais conservadora desvaloriza o impacto económico como causa do crime, uma outra corrente mais actual não tem dúvidas em sublinhar a sua relação estreita, assim: Skolnick, J., Currie, E. (ed.), *Crisis in American Institucions*, 1988; Hagan, F., já cit., pp. 88-89. Aliás, após Willem Bonger (1876-1940) que no seu livro *Criminalité et Conditions Economiques*, 1905, faz um balanço detalhado entre a criminalidade e as condições económicas, esta relação é uma constante na abordagem do fenómeno criminal.

[79] Bayart, J.-F.; Ellis, S.; Hibou, B., *La criminalisation de l' État en Afrique*, 1997.

[80] Destacando-se Angola, Cabo Verde e Moçambique. Neste sentido, Raufer, X., *Dictionnaire technique et critique des nouvelles menaces*, 1998, pp. 7-14.

98   *Reclusos Estrangeiros: um estudo exploratório*

mes contra o património e pelos crimes contra as pessoas[81]. Importa referir que o crime de tráfico de estupefacientes é punido com pena privativa de liberdade elevada (a penalidade máxima é de 15 anos de prisão, podendo em certos casos ser agravada de um terço) o que ocasiona um crescimento relativo rápido desta população.

Esta situação de crescimento da população reclusa estrangeira não pode deixar de ser equacionada com uma outra realidade: Portugal é o país da Europa ocidental com a maior percentagem de população encarcerada e, ainda, onde os estabelecimentos prisionais estão mais superlotados. Tal não significa que o aumento absoluto dos reclusos estrangeiros ao longo das duas últimas décadas seja responsável pela sobrelotação das cadeias portuguesas, importa apenas inserir o aludido aumento no crescimento geral da população prisional.

Deste enquadramento geral seria pertinente equacionar diversas problemáticas, sirva de exemplo a que decorre da conjugação da criminalidade cometida por estrangeiros em Portugal e a anterior imigração ilegal desse grupo. Questão que se impõe reflectir com premência porque a médio prazo o enraizamento de uma subcultura criminal, sabido da sua grande resistência à mudança[82], constituirá um problema social paulatinamente mais grave e de mais difícil solução. Aliás, este tipo de pesquisa tem tido resultados contraditórios: por um lado, afirma-se que a imigração está associada a um aumento da criminalidade[83];

---

[81] Se considerar-mos que a causa do cometimento dos crimes foi, sobretudo, económica, poderá justificar-se indagar se existe uma "cultura de pobreza" conforme uma das teses que em criminologia explicam a relação entre a raça e o crime. Cf., Banfield, E., *The Unheavenly City Revisited*, 1974; Gibbons, D., *Talking About Crime and Criminals*, 1994, p. 105. Se, pelo contrário, for atribuída a criminalidade à diferença de oportunidade conforme defendem Merton, R., em *Social Theory and Social Structure*, 1957, e Cloward, R.; Ohlin, L., *Delinquency and Opportunity A Theory of Delinquent Gangs*, 1960, importa averiguar até que ponto é que tal "justifica" o cometimento do crime fora do contexto de vida, isto é, em país estrangeiro ou se a transnacionalidade é um conceito ultrapassado.

[82] A acreditar nas conclusões do estudo de Cloward, R.; Ohlin, L., já cit., p. 192.

[83] Clinard, M., Abbott, D., *Crime in Developing Countries: A comparative Perspective*, 1973; Shelley, L., *Readings in Comparative Criminology*, 1981; Radzinowicz, L., King, J., *The Growth of Crime: The International Experience*, 1977.

Parte IV – Conclusões

por outro, afirma-se que as taxas de criminalidade são similares entre os nativos e os imigrantes [84]; ou, mesmo, inferiores à dos nativos [85]; por fim, indica-se a aludida relação como dependendo de diversos factores como sejam a relação crime e população migrante antes da imigração, essa mesma relação mas entre a população nativa, os problemas de ajustamento encontrados no país de acolhimento [86]. De igual disparidade padecem os estudos sobre a relação entre raça e crime [87].

Importa recordar que o trabalho efectuado é sobre reclusos estrangeiros e não sobre crime e imigração ou raça e imigração, são temas que se entrecruzam mas não se devem confundir. Existem casos de reclusos estrangeiros em que será pertinente equacionar a questão da sua imigração mas noutros casos nem sequer se coloca a questão da imigração, o mesmo sucedendo com a raça.

Uma outra questão será a de saber se é possível predizer o tipo de criminosos que iremos ter em Portugal e, mais, que tipo de crime poderemos esperar, dentro dessa população específica [88], a manter-se o

---

[84] Sellin, T., *Culture Conflict and Crime*, 1938; Albrecht, P., et al., "Reactions of the Agencies of Social Control to Crimes of Young Foreigners in the Fedral Republic of Germany", in *International Summaries*, 1978, apud Conklin, J., *Criminology*, 1995, p. 99.

[85] Savitz, L., *Delinquency and Migration*, 1960; Clinard, M., *Cities with Little Crime: The Case of Switzerland*, 1978; Shelley, L., já cit.

[86] Conklin, J., já cit., p. 100.

[87] Quanto à realidade Norte-Americana veja-se a recente síntese de Siegel, L., *Criminology*, 2000, pp. 74 e 75. E, os trabalhos de Silberman, C., *Criminal Violence, Criminal Justice*, 1979; Tracy, P., "Race and Class Differences in Official and Self-Reported Delinquency", in Wolfgang, M., et al., *From Boy to Man, from Delinquency to Crime*, 1987, pp. 120 e seg.

[88] Neste ponto posicionam-se os estudos sobre a inserção dos imigrantes e, sobretudo, sobre a sua adaptação quando da segunda geração. Assim, de uma perspectiva sociológica, e quanto ao processo de adaptação, v.g., Portes, A.; Min Zhou, "The New Second Generation Segmented Assimilation and its Variants", in *The Annals of the American Academy of Political and Social Sciences*, 530 (1993), pp. 74-96; e, mais recentemente, a excelente coletânea, Portes, A. (ed.), *The New Second Generation*, 1996, a qual foi originalmente publicada num número especial da *International Migration Review*, vol. 28, 1994. Uma indicação bibliográfica

100 · Reclusos Estrangeiros: um estudo exploratório

influxo de entradas ilegais em Portugal. Esta última interrogação que procura dar resposta à forma específica que o comportamento desviante assume é um campo importante a percorrer pela criminologia[89].

Por fim, importa recordar que a crescente internacionalização da actividade criminal numa Europa preocupada com a unificação política e económica, exige uma reflexão sobre os estrangeiros (residentes, não residentes, turistas e ilegais), sobretudo na criminalidade económica e organizada, da qual a mais visível é a que se prende com o tráfico de droga mas cuja actuação se estende por um vasto leque de actividades. Neste particular, importaria estudar o papel das polícias portuguesas em comparação com as congéneres europeias a fim de infirmar ou remediar a ideia da sua menor operacionalidade. Este estudo terá uma mais-valia acrescida dado as sequelas que a polícia portuguesa evidencia face a sucessiva desautorização ao nível da imagem pública.

2. A destacar do estudo empírico

Embora se tenha procedido a uma abordagem individualizada dos reclusos, o estudo não se detém em casos particulares, análises casuísticas, apenas se pretendeu surpreender as coordenadas e as mais impressivas questões a emergir da realidade estudada, na sua globalidade.

---

sobre a problemática das migrações em Garcia, J., *Migrações e Relações Multiculturais: Uma Bibliografia*, 2000.

De uma abordagem especificamente criminológica a síntese de Cressey, D., «Crime», já cit., pp. 153-159; mais detalhadamente, v.g., Ferracuti, F., "La criminalité chez les migrants européens", *Études relatives à la recherche criminologique*, vol. III, 1968, p. 18 ss.; também publicada com o título «European Migration and Crime», in Wolfgang, M., *Crime and Culture Essays in Honor of Thorsten Sellin*, 1968, e, especificamente, Killias, M., "Criminality among second-generation immigrants in Western Europe. A review of the evidence", in *Criminology Justice Review*, 14/1 (1989), pp. 13-42; e, a recente e importante recolha de estudos de Tonry, M., (ed.), *Ethnicity, Crime, and Immigration*, 1997.

[89] Neste sentido, as reflexões de Goode, R., «Family Disorganization», in Merton, R., Nisbet, R., já cit., pp. 479-552; e de Francis T. Cullen em *Rethinking Crime and Deviance Theory The Emergence of a Structuring Tradition*, 1984.

Parte IV – Conclusões 101

Do estudo empírico, necessariamente enquadrado no aludido conspecto geral, foi possível surpreender dentro do universo *reclusos estrangeiros* dois grandes grupos: o dos reclusos estrangeiros oriundos de países africanos de expressão portuguesa e o dos reclusos estrangeiros não oriundos de países africanos de expressão portuguesa.

Estes dois grupos apresentam entre si diferenças relevantes sobretudo ao nível da identificação, situação jurídico-penal, perspectivas de reinserção social e, naturalmente, na representação que os reclusos fazem destas realidades.

Como a investigação criminológica[90] tem afirmado a importância da família na causa da delinquência, importaria aprofundar as diferenças encontradas no que respeita ao vínculo familiar contemporâneo ao cometimento do crime; aliás, parece relevante explorar as histórias de vida em estudos ulteriores, dado a sua potencialidade em inovar áreas em que outras abordagens encontram resistências[91].

Retomando as coordenadas: dentro desta primeira divisão, a separação entre o género masculino e feminino não nos fornece particularidades verdadeiramente relevantes.

Assim, no tocante aos reclusos estrangeiros oriundos de países africanos de expressão portuguesa os quais representam, como se referiu, entre os reclusos estrangeiros quase o triplo do restante universo[92], realidade esta que poderá estar relacionada com o facto de que até 1997 detinham a prevalência da imigração ilegal em Portugal, as diferenças entre este grupo e os reclusos nacionais é muito ténue, poder-se-ia afirmar que não tendo sido aplicada pena de expulsão, como muitas vezes não foi, as diferenças são praticamente nulas. Existirá, assim, uma discriminação positiva deste núcleo de estrangeiros em relação aos restantes estrangeiros.

O que se verifica em relação a este grupo majoritário são questões específicas de compatibilização da sua situação de estrangeiro com

---

[90] Sobretudo os estudos dos Glueck, Hirschi, Loeber e Stouthamer-Loeber.

[91] Neste sentido, a introdução de Howard Becker ao livro de Clifford Shaw *The Jack-Roller*.

[92] Cf. Quadro 6.

uma vivência mais ou menos estabelecida[93], e sempre desejada, em Portugal. Isso coloca-se ao nível da situação jurídica e de reinserção social. Neste grupo surge de forma clara o indicador de desvantagem económica. Adite-se que quanto a este segmento de reclusos será pertinente equacionar a relação imigração e crime, detalhando o estudo da adaptação individual, a influência da família, a força do grupo de pares e o respectivo contexto social.

Digno de relevo, pela sua forte expressão, será a prevalência de cidadãos de Cabo Verde e, posteriormente, de Angola, deixando aos restantes países uma quantificação muito modesta. Neste particular, justificar-se-ia um estudo comparativo dos cidadãos dos PALOP reclusos a fim de discernir a razão de grande taxa de criminalidade nuns países em comparação com os outros.

Embora seja o crime de tráfico de estupefacientes que motiva a generalidade das reclusões – importando posicioná-lo no contexto nacional e internacional do narcotráfico –, existe outro tipo de condenações das quais ressalta o homicídio, neste particular importava averiguar a relação vítima-agressor[94] a fim de discernir o contexto em que surge a violência.

Realidade diferente do aludido grupo e da população reclusa portuguesa é a constituída pelos outros reclusos estrangeiros, mesmo os de expressão portuguesa como os provenientes do Brasil.

Conjugando neste último grupo o sector identificação e perspectivas de reinserção social, conclui-se que esta só faz sentido no seu país de origem. E, é precisamente no seu país de origem que a maioria destes reclusos desejaria cumprir pena, por razões de ancoragem social e de perspectivas de futuro uma vez em liberdade.

Embora de forma ténue, a justificar ulterior investigação, parece que neste segundo grupo é possível estabelecer uma sub-divisão: por

---

[93] E, porventura já inseridos numa subcultura propiciadora de violência. Para utilizar a tese de Wolfgang, M., Ferracuti, F., *The Subculture of Violence Towards an Itegrated Theory in Criminology*, 1967.

[94] Sobre a relevância criminológica da relação vítima-agressor, Simon, L., «The Victim-Offender Relationship», in Hirschi, T.; Gottfredson, M., já cit., pp. 215-234.

Parte IV – Conclusões

um lado, sendo numericamente mais expressivos, os reclusos condenados por tráfico de estupefacientes e, por outro, os restantes.

Com efeito, o sub-grupo maioritário tem um certo percurso de vida e, sobretudo, uma determinada motivação na sua vinda ou passagem por Portugal e, ainda, o próprio cometimento do crime é substancialmente diverso do cometido pelos restantes elementos do sub-grupo.

Os detidos por tráfico de estupefaciente, na sua maioria sendo passíveis de ser classificados como meros *correios de droga*[95], não têm antecedentes criminais ou significativos factores de risco, a sua breve estadia ou passagem por Portugal é motivada por razões de percurso para cometimento do crime e a sua finalidade em aqui se deslocar esgota-se no cometimento do crime, logo regressando ao país de origem.

Já os restantes estrangeiros podendo ter ou não ter antecedentes criminais e factores de risco, vêm a Portugal com motivo menos específico – procurando trabalho, em turismo, mesmo o chamado "turismo criminal", uma forma de criminalidade organizada nómada –, a razão do cometimento do crime pode ser económica, fortuita ou a continuação da sua careira criminal[96]. Impõe-se, certamente, um estudo mais alargado neste particular segmento da população estrangeira reclusa a fim de permitir uma melhor distinção e compreensão, sendo possível que apresente maior alarde e/ou perigosidade social do que o outro sub grupo, atento a visibilidade e o tipo de crime violento que cometem.

Quanto ao sub grupo maioritário dos reclusos estrangeiros detidos por tráfico de droga, importa separar os meros *correios* dos restantes traficantes, o que neste estudo empírico não surge de forma nítida, porque a quase totalidade é recondutível à figura de *correio*.

---

[95] Sobre o conceito correio de droga, Rocha, M., "Co-autoria, agravação do tráfico, medida da pena, (...), correio de droga", in AAVV, *Droga Decisões de Tribunais de 1.ª Instância (1994)*, 1997, pp. 337-340.

[96] Carreira criminal refere-se à sequência longitudinal dos delitos cometidos por um delinquente num período de tempo determinado. Sendo um conceito que merece algumas críticas como seja de Gottfredson e Hirschi, já cit., vem sendo utilizado hodiernamente com profusão na literatura criminológica.

Importaria, assim, aprofundar esta caracterização posicionando-a no narcotráfico internacional.

Confirmando-se a população *correios de droga*, sendo um tipo, ao que parece, homogéneo impõe-se algumas reflexões que se prendem com a estrutura do crime organizado e as suas «franjas» como parece ser o posicionamento deste tipo de reclusos[97].

Assim, conjugando a situação jurídico-penal com, a montante, a quase ausência de comportamentos de risco, e a jusante, com o comportamento prisional, parece haver uma hiper-penalização ou, pelo menos, assim sentida pela larga maioria destes reclusos. Importaria estudar as decisões judiciais aplicadas aos estrangeiros e aos nacionais, neste tipo de crime e perante situações semelhantes, a fim de posicionar o grau de penalização daqueles[98].

Ao nível das sentenças a quase totalidade não indica como factor agravante a condição de estrangeiro mas este facto não invalida o aludido estudo que surge imprescindível para aquilatar certo tipo de acusações de discriminação do sistema judicial contra os estrangeiros[99].

Essa suposta hiper-penalização mais perplexidade parece levantar quando equacionada com a existência de uma medida acessória de expulsão e o facto das perspectivas de reinserção social só terem sentido no país de origem e, ainda, não haver fundado receio de reincidência.

---

[97] Da extensa literatura sobre criminalidade organizada destaca-se Cressey, D., *Criminal Organization*, 1972; Abadinsky, H., *The Criminal Elite: Professional and Organized Crime*, 1983; idem, *Organized Crime*, 1994; Kelly, R., *Organized Crime A Global Perspective*, 1986. Para uma perpectiva menos americana, Fiorentini, G., Peltzeman, S., *The Economics of Organized Crime*, 1997; Leclerc, M. (ed.), *La Criminalité Organisée*, 1996. Destacando a componente étnica no crime organizado, Kleinknecht, W., *The New Ethnic Mobs The Changing Face of Organized Crime in America*, 1996; ou, mais sinteticamente Winer, J., «Alien Smuggling: Elements of the Problem and the U.S. Response», in *Transnational Organized Crime*, vol. 3-1 (1997), pp. 50-58.

[98] Nos países, poucos, em que tais estudos foram feitos e que durante duas décadas originaram acesa controversa, parece hoje ser pacífico inexistir qualquer discriminação assente em preconceitos raciais ou étnicos. Sobre o assunto, Tonry, M., *Etnicity, Crime, and Immigration*, 1997, pp. 14-16.

[99] Assim, Baganha, M., *Migrants insertion in the informal economy, the Portuguese Case*, 1996, pp. 124-125.

Parte IV – Conclusões

Merecerá reflexão equacionar esta dita hiper-penalização com o facto de Portugal ser o país da Europa ocidental com a maior percentagem de população encarcerada e se debater com superlotação nos seus estabelecimentos prisionais.

E, porque não, ponderar a aludida hiper-penalização com o próprio fim das penas (artigo 40.º, n.º 1, do Código Penal); ou, numa perspectiva mais economicista, o gasto que cada recluso significa para o Estado Português quando se sabe que aquele recluso não será reintegrado na sociedade portuguesa e que tal só será possível no seu país de origem.

Uma outra questão que se prende com a alegada hiper-penalização destes reclusos, apelando agora a uma perspectiva holistica, é a do efectivo encarceramento a que estão sujeitos no cumprimento de pena dado não beneficiarem de medidas de flexibilização nem receberem visitas de familiares ou qualquer outro tipo de apoio, fazendo surgir uma suposta discriminação negativa em relação aos restantes reclusos, isto é, a aludida «dupla reclusão».

São estas algumas das questões que, de acordo com diversos enfoques, se deixam elencadas, sendo certo que a temática dos estrangeiros no espaço europeu irá concitar nos anos vindouros uma redobrada preocupação e, como tal, atenção dos políticos, dos estudiosos e da população em geral.

BIBLIOGRAFIA

Abadinsky, H. (1983). *The Criminal Elite: Professional and Organized Crime.* Westport, Conn.: Greenwood.
_____ (1987). *Crime and Justice.* Chicago: Nelson- Hall Publishers.
_____ (1987). *The Mafia in America: An Oral History.* Chicago: Praeger.
_____ (1994). *Organized Crime.* Chicago: Nelson Hall.
Adler, F. (1975). *Sisters in Crime: The Rise of the New Female Criminal.* New York: McGraw-Hill.
Adler, F. & Laufer, W. (Ed.). (1992). *Advances in Criminological Theory. The Legacy of Anomie.* New Brunswick, NJ: Transaction Publishers.
_____ (1993). *Advances in Criminological Theory. New Directions in Criminological Theory.* New Brunswick, NJ: Transaction Publishers.
Agra, C. & Matos, A. (1997). *Trajectórias desviantes.* Lisboa: Gabinete de Planemento e de Coordenação do Combate à Droga.
Akers, R. (1973). *Devian behavior: a social learning approach.* Belmont, CA: Wadsorth.
Albanese, J. (1996). *Organized Crime in America.* Cincinnati: Anderson Publishing.
Albrechet, H.-J. (1991). Ethnic minorities: Crime and criminal justice in Europe. In F. Heidensohn & M. Farrell (Ed.). *Crime in Europe.* London: Routledge.
_____ (1997). Ethnic Minorities, Crime, and Justice in Germany. In M. Tonry (Ed.), *Ethnicity, crime, and immigration.* Chicago, Ils.: The University of Chicago Press.
Albrecht, P. et al. (1978). Reactions of the Agencies of Social Control to Crimes of Young Foreigners in the Federal Republic of Germany. *International Summaries.* Washington, D. C.: U. S. Department of Justice.
Alliès, P. (Ed.). (1999). Enjeux migratoires en Europe du Sud. *Pôle Sud* (11).
Almeida, C., Barreto, A., Krieger, L. & Petitat, A. (1968). *Essai d'explications des récents développements du phénomène migratoire portugais, en rapport avec les structures économiques, sociales et politiques du pays.* Genève: Université de Genève.
Almeida, M. (1999). Reflexos da Reforma do Código Penal nas Penas Aplicadas: Análise Estatística do Quadriénio 1994-1997. *Revista Portuguesa de Ciência Criminal,* 9 (1).
Alonso Pérez, F. (1999). *Introducción al Estudio de la Criminologia.* Madrid: REUS.
Anzilotti, (1919). *Corso di lezzioni di diritto internationale (Diritto privato).* Milano.
Atkinson, P. (1992). *Understanding ethnographic texts.* Newbury Park, CA: Sage.

108 *Reclusos Estrangeiros: um estudo exploratório*

Babbie, E. (1992). *The Practice of Social Research*. Belmont, CA: Wadsworth.

Baganha, M. (1996). *Migrants insertion in the informal economy – The Portuguese Case*. Coimbra: Universidade de Coimbra.

Baldwin, J. & Bottoms, A. (1976). *The Urban Criminal*. London: Tavistock.

Bandura, A. (1973). *Aggression: A Social Learning Analysis*. Englewood Cliffs, NJ: Prentice- Hall.

Banfield, E. (1974). *The Unheavenly City Revisited* (4.ª ed.). Boston: Little Brown and Company.

Bayart, J. F., Ellis, S. & Hibou, B. (1997). *La criminalisation de l'état en Afrique*. Bruxelles: Complexe.

Becker, H. (1963). *Outsiders: Studies in the Sociology of Deviance*. New York: Free Press.

_____ (1964). *The other side: Perspectives on deviance*. New York: Free Press.

Beleza, T.(1998).«Their roots in many fields»: a Criminologia no enclave da produção discursive sobre o fenómeno criminal. *Sub Judice*, 13.

Bennett, J. (1981). *Oral History and Delinquency: The Rhetoric of Criminology*. Chicago: University of Chicago Press.

Bingo, D. (1998). Europe Passoire et Europe Forteresse: La Sécurisation/ Humanitarisation de L'Immigration. In A. Rea (Ed.), *Immigration et Racisme en Europe*. Bruxelles: Editions Complexe.

Bonger, W. (1905). *Criminalité et Conditions Économiques*. Amsterdam: G. P. Tierie.

_____ (1943). *Race and Crime*. New York: Columbia University Press.

_____ (1969). *Criminality and Economics Conditions*. Bloomington: Indiana University Press.

Bracher, M., (1999). «population projection». In A. Kuper & J. Kuper (Ed.), *The Social Science Encyclopedia* (2.ª ed.). London: Routledge.

Brown, S., Esbensen, F. & Geis, G. (Ed.). (1996). *Criminology: Explaining crime and its context* (2.ª ed.). Cincinnati Ohio: Anderson Pub.

Canotilho, J. (Ed.). (2000). *Direitos Humanos Estrangeiros, Comunidades Migrantes e Minorias*. Oeiras: Celta.

Cario, R. & Favard, A.- M. (1991). *La personalité criminelle*. Toulouse: Érès.

Chamberliss, R. & Seidman, R. (1971). *Law and Order and Power*. Reading, Mass.: Addison-Wesley.

Chapman, J. (1980). *Economic Realities and the Female Offender*. Lexington, Mass.: Lexington Books.

Christie, N. (1971). Scandinavian Criminology Facing the 1970's. *Scandinavian Studies in Criminology*. vol. 3.

_____ (1994). *Crime Control as Industry*. (2º ed.).London: Routledge.

Clarke, R. & Felson, M. (Ed.). (1993). *Advances in Criminological Theory. Routine Activity and Rational Choice*. New Brunswick, NJ: Transaction Publishers.

Clinard, M. (1963). *Sociology of deviant behavior*. New York: Holt, Rinehart and Winston.

_____ (1969). *Anomie and Deviant Behavior*. New York: The Free Press.

_____ (1978). *Cities with Little Crime: The Case of Switzerland*. Cambridge: Cambridge University.

_____ (1983). *Corporate Ethics and Crime: The Role of Middle Management*. Beverly Hills, Calif.: Sage Publications.

Clinard, M. & Abbott, D. (1973). *Crime in Developing Countries: A comparative Perspective*. New York: John Wiley.

Cloward, R. & Ohlin, L. (1960). *Delinquency and Opportunity. A Theory of Delinquent Gangs*. New York: The Free Press.

Cohen, A. (1955). *Delinquent Boys*. New York: Free Press.

Cohen, S. (1974). Criminology and the sociology of deviance in Britain. In P. Rock & McIntosh (Ed.), *Deviance and social control*. London: Tavistock.

Collinson, S. (1993). *Beyond Borders: West European Migration Policy Towards the 21st Century*. London: Royal Institute for Intrnational Affairs.

Conklin, J. (Ed.). (1973). *The Crime Establishment*. Englewood Cliffs, New Jersey: Prentice-Hall.

_____ (1995). *Criminology* (5.ª ed.). Needham, Mass: Allyn & Bacon.

Cornish, D. & Clarke, R. (Ed.). (1986). *The Reasoning Criminal: Rational Choise Perspectives on Offending*. New York: Springer-Verlag.

Correra, M. & Martucci, P. (1999). *Elementi di Criminologia*. Padova: CEDAM.

Costa, B. (1999). Criminalidade *versus* Estrangeiros (1989-1998). In R. Gonçalves (Ed.), *Actas do Congresso Crimes Ibéricos – Crimes Práticas e Testemunho*. Braga: Universidade do Minho.

_____ (1999). *Práticas Delinquentes*. Lisboa: Colibri.

Coulon, A. (1992). *L' École de Chicago*. Paris: PUF.

Cressey, D. (Ed.). (1961). *The Prison Studies in Institutional Organisation and Change*. New York: Holt, Rinehart and Winston,Inc.

_____ (1966). Crime. In R. Merton & R. Nisbet (Ed.), *Contemporary Social Problems* (2.ª ed.). New York: Harcourt, Brace & World, Inc.

_____ (1969). *Theft of the Nation; The Structure and Operations of Organized Crime in America*. New York: Harper & Row.

_____ (1972). *Criminal Organization*. New York: Harper & Row.

Cullen, F. (1984). *Rethinking Crime and Deviance Theory The Emergence of a Structuring Tradition*. New Jersey: Rowman & Allanheld.

Cunha, M. (1994). *Malhas que a reclusão tece: Questões de identidade numa prisão feminina*. Lisboa: Centro de Estudos Judiciários.

Curran, D. & Renzetti, C. (1994). *Theories of Crime*. Boston: Allyn and Bacon.

Curtis, L. (1975). *Violence, Race and Culture*. Lexinton, Mass.: D. C. Heath.

Cusson, M. (1981). *Déliquants porquois?*. Paris: Armand Colin.

_____ (1983), *Le contrôle social du crime*, Paris: PUF.

_____ (1987), *Pourquoi punir?*, Paris: Dalloz.

_____ (1990), *Croissance et décroissance du crime*, Paris: PUF.

_____ (1998), *Criminologie actuelle*, Paris: PUF.

Dahrendorf, R. (1959). *Class and Class Conflict in Industrial Society*. Stanford: Stanford University Press.

Davidovitch, A. (1965). Les statistiques criminelles descriptives. *L´Equipement en Criminologie, Actes du XIV Cours international de criminologie*. Paris: Masson.

110 Reclusos Estrangeiros: um estudo exploratório

De Greef, E. (1896). *Les Lois Sociologiques* (2.ª ed.). Paris: Félix Alcan.

Debuyst, C. (1960). *Criminels et Valeurs Vécues* (2.ª ed.). Louvain: Publications Universitaires.

_____ (1985). *Modèle éthologique et criminologie*. Bruxelles: Pierre Mardaga, Editeur.

Denzin, N. (1989). *The research act*. (3.ª ed.). Englewood Cliffs, NJ: Prentice Hall.

Denzin, N. & Lincoln, Y. (Ed.). (1998). *Collecting and Interpreting Qualitative Materials*. Thousand Oaks, CA: Sage.

Dias, J. & Andrade, M. (1984). *Criminologia O Homem Delinquente e a Sociedade Criminógena*. Coimbra: Coimbra Editora.

Dinitz, S. & Reckless, W. (1968). *Critical Issues in the Study of Crime*. Boston: Little Brown and Company.

Direcção-Geral dos Serviços Prisionais (1997). *Relatório de Actividades*. Vol. 1-2. Lisboa: Autor.

_____ (1998). *Relatório de Actividades*. Vol. 1-2-3. Lisboa: Autor.

Direcção-Geral dos Serviços Prisionais (1988). *Temas Penitenciários* (1). Lisboa: Autor.

_____ (1989). *Temas Penitenciários* (1). Lisboa: Autor.

_____ (1990/91). *Temas Penitenciários* (5-6). Lisboa: Autor.

_____ (1998). *Temas Penitenciários* (II-1). Lisboa: Autor.

_____ (1999). *Temas Penitenciários* (II-3/4). Lisboa: Autor.

Dupraz, P. & Vieira, F. (1999). Immigration et "modernité": Le Portugal entre héritage colonial et intégration européenne. *Pôle Sud*, 11.

Durkhein, E. (1895). *Les Régles de la Mèthode Sociologique*. Paris: PUF.

Emerson, R. (1988). *Contemporary Field Research*. Prospect Heights, Ill.: Waveland Press.

Esteves, A. (1999). *A criminalidade na cidade de Lisboa. Uma geografia da insegurança*. Lisboa: Colibri.

Esteves, A. & Malheiros, J. (s/d). *Os cidadãos estrangeiros nas prisões portuguesas: sobrerepresentação ou ilusão*. Texto não publicado. Universidade de Lisboa. Centro de Estudos Geográficos: Lisboa.

Esteves, M. (Ed.). (1991). *Portugal; País de Imigração*. Lisboa: Instituto de Estudos para o Desenvolvimento.

Eysenk, H. (1977). Crime and Personality. (2º ed.). London: Routledge & Kegan Paul.

Farrington, D. (1986). Age and Crime. *Crime and Justice*, 7.

Fattah, E. (1998). Quelques Réflexions sur le Rôle du Criminologue dans la Cité: Hier, Aujourd' Hui et Demain. In G. Kellens & A. Lemaître (Ed.) *Criminologie et Société*. Bruxelles: Bruylant.

Felson, M. (1998). *Crime & Everyday Life*. (2º ed.). California: Pine Forge Press.

Ferracuti, F. (1968). La criminalité chez les migrants européens. *Études relatives à la recherche criminologique*, vol. III.

_____ (1968). European Migration and Crime. In M. Wolfgang (Ed.), *Crime and Culture Essays in Honor of Thorsten Sellin*. New York: John Wiley & Sons, Inc.

Ferracuti, R. (1968). Crime et migration. *Ici L'Europe*, Juin-Juillet.

Ferreira, E. (1998). *Crime e Insegurança em Portugal: Padrões e Tendências, 1985--1996*. Oeiras: Celta.

Ferreira, V. (1999). Sobrepopulação Prisional e Sobrelotação em Portugal Evolução Recente, Situação Actual e Alguns Factores que a Explicam. *Temas Penitenciários*, II (3 e 4).

Feyerabend, P. (1975). *Against Method*. New York: New Left Books.

_____ (1991). *Adeus À Razão*. Lisboa: Edições 70.

Finkel, N. (1988). *Insanity on Trail*. New York: Plenum.

Fiorentini, G. & Peltzeman, S. (Ed.). (1997). *The Economics of Organized Crime*. Cambridge: Cambridge University Press.

Flanagan, T. & Maguire, K. (1990). *Sourcebook of Criminal Justice Statistics:* 1989. Washington, D.C.: Govermment Printing Office.

Foucault, M. (1975). *Surveiller et Punir*. Paris: Gallimard.

Garcia, J. (Ed.). (2000). *Migrações e Relações Multiculturais: Uma Bibliografia*. Oeiras: Celta.

Gassin, R. (1994). *Criminologie* (3.ª ed.). Paris: Dalloz.

Gibbons, D. (1994). *Talking About Crime and Criminals: problems and issues in theory development in criminology*. Englrwood Cliffs, New Jersey: Prentice Hall.

Gil, A. (1996). *Como Elaborar Projectos de Pesquisa* (3.ª ed.). São Paulo: Atlas, S.A.

_____ (1999). *Pesquisa Social* (5.ª ed.). São Paulo: Atlas, S.A.

Glueck, S. (Ed.). (1959). *The problem of Delinquency*. Boston: Houghton Mifflin Company.

Glueck, S. & Glueck, E. (1930). *500 Criminal Careers*. New York: A. A. Knopf.

_____ (1934). *Five Hundred Delinquent Women*. New York:A.A. Knopf.

_____ (1934). *One Thousand Juvenile Delinquents*. Cambridge, Mass.: Harvard University Press.

_____ (1937). *Later Criminal Careers*. New York: The Commonwealt Fund.

_____ (1940). *Juvenile Delinquents Grown Up*. New York: The Commonwealth Fund.

_____ (1943). *Criminal Careers in Retrospect*. New York: The Commonwealth Fund.

_____ (1950). *Unraveling Juvenil Delinquency*. New York: The Commonwealth Fund.

_____ (1952). *Delinquents in the Making*. New York: Harper and Row.

_____ (1956). *Physique and Delinquency*. New York: Harper and Row.

_____ (1959). *Predicting Delinquency and Crime*. Cambridge, Mass.: Harvard University Press.

_____ (1962). *Family Environment and Delinquency*. London: Routledge and Kegan Paul.

_____ (1968). *Delinquents and Nondelinquents in Perspective*. Cambridge, Mass.: Harvard University Press.

_____ (1974). *Of Delinquency and Crime: A Panorama of Years of Search and Research*. Springfield, Ill.: Charles C. Thomas.

Godfredson, M. & Hirschi, T. (1990). *A General Theory of Crime*. Stanford, California: Stanford University Press.

Goffman, E. (1961). *Asyliums: Essay on the Social Situation of Mental Patients and Other Inmates*. New York: Anchor Books.

_____ (1961). On the characteristics of total institutions: the inmate world. In D. Cressey (Ed.). *The Prison Studies in Institutional Organization and Change*. New York: Holt, Rinehart and Winstoon, Inc.

Gonçalves, R. (1999). *Psicopatia e Processos Adaptativos à Prisão*. Braga: Universidade do Minho.

_____ (2000). *Delinquência Crime e Adaptação à Prisão*. Coimbra: Quarteto Editora.

Goode, R. (1966). Family Disorganization. In R. Merton & R. Nisbet (Ed.), *Contemporary Social Problems* (2.ª ed.). New York: Harcourt, Brace & World, Inc.

Goring, C. (1913). *The English Convict. A Statistical Study*. London: His Majesty's Stationery Office.

Hagan, F. (1998). *Introduction to Criminology* (4.ª ed.). Chicago: Nelson-Hall Publishers

Hagan, J. (1994). *Crime and Disrepute*. Thousand Oaks, California: Pine Forge Press.

Heer, D. (1999). Migration. In A. Kuper & J. Kuper (Ed.), *The Social Science Encyclopedia* (2.ª ed.). London: Routledge.

Hennebelle, G. (Ed.). (1994). Est: ces immigrés qui viendraient du froid... *Panoramiques*, 14.

Herrero Herrero, C. (1997). *Criminología (Parte General y Especial)*. Madrid: Dykinson.

Hirschi, T. (1969). *Causes of Delinquency*. Berkeley: University of California Press.

Hirschi, T. & Gottefredson, M., (1983). Age and the Explanation of Crime. *American Journal of Sociology*, 89.

Hirschi, T. & Selvin, H. (1967). *Delinquency Research An Appraisal of Analytic Methods*. New York: The Free Press.

Hood, R. (1992). *Race and Sentencing: A Study in the Crown Court*. Oxford: Clarendon Press.

Howard, J. (1929). *The State of the Prisons*. London: J. M. Dent & Sons LTD.

Husserl, E. (1963). *Logique formelle et logique transcendante*. Paris:PUF.

_____ (1963). *Recherches Logiques*. Tomo II. Recherches pour la phénoménologie et la théorie de la connaissance. Paris: PUF.

_____ (1963). *Recherches Logiques*. Tomo III. Éléments d'une élucidation phenoménologique de la connaissance. Paris: PUF.

_____ (1969). *Recherches Logiques*. Tomo I. Prolégomènes à la logique pure. (2.ª ed.). Paris: PUF.

_____ (1995). *La philosophie comme science rigoureuse*. Paris: PUF.

Inner London Probation Service (1998). *A Prison Within a Prison*. London: Autor.

Instituto Nacional de Estatística (1993). *Estatísticas Demográficas*. Lisboa: Autor.

International Migration Review. (1994). vol. 28.

Jencks, C. (1993). *Rethinking Social Policy. Race, Poverty, and the Underclass*. Cambridge, Mass: Harvard University Press.

Jupp, V.(1989). *Methods of Criminological Research*. London: Routledge.

Jupp, V., Davies, P. & Francis, P. (Ed.).(2000).*Doing Criminological Research*. London: Sage.

Katz, J. (1998). *Seductions of* Crime. New York: Basic Books.

Kellens, G. (1998). *Éléments de Criminologie*. Belgique: Éditions Erasme.

Kellens, G. & Lemaître, A. (Ed.) (1998). *Criminologie et Société*. Bruxelles: Bruylant.

_____ (Ed.). (1998). *Criminologie et Société*. Bruxelles: Bruylant.

Kelly, D. (Ed.) (1980). *Criminal Behavior Readings in Criminology*. New York: St. Martin's Press.

_____ (Ed.) (1990). *Criminal Behavior Text and Readings in Criminology.* (2.ª ed.). New York: St. Martin's Press.

Kelly, R. (1986). *Organized Crime: A Global Perspective.* Totowa, New Jersey: Rowman and Littlefield.

Killias, M. (1989). Criminality among second-generation immigrants in Western Europe. A review of the evidence. *Criminology Justice Review*, 14 (1).

Kleinknecht, W. (1996). *The New Etnic Mobs.The chancing face of organized crime in America.* New York: The Free Press.

Kuper, A. & Kuper, J. (Ed.). (1999). *The Social Science Encyclopedia* (2.ª ed.). London: Routledge.

Lamothe, L. & Nicaso, A. (1994). *Global Mafia: The New World Order of Organized Crime.* Toronto: MacMillan.

Larguier, J.(1994) *Criminologie et science pénitentiaire* (7.ª ed.). Paris: Dalloz.

Laufer, W. & Adler, F. (Ed.). (1999). *Advances in Criminological Theory. The Criminology of Criminal Law.* New Brunswick, NJ: Transaction Publishers.

Leandro, M. (1992). *Au-delà des Apparences: l' Insertation Sociele des Portugais das l'Agglomeration Parisienn.* Paris: CIEMI.

Leclerc, M. (Ed.). (1996). *La Criminalité Organisée.* Paris: La Documentation Française.

Lee, R. (1993). *Doing Research on Sensitive Topics.* London: Sage.

Legrand, M. (1993). *L'approche biographique-théorie, clinique.* Marseille: EPI, Hommes et Perspectives.

Leitão, J., (1997). The Portuguese Immigration Policy and The Kew European Order. In M. Baganha (Ed.), *Immigration in Southern Europe.* Oeiras: Celta.

Letkeman, P. (1973). *Crime as Work.* Englewood Cliffs, NJ: Prentice-Hall.

Loeber, R. & Stouthamer-Loeber, M. (1986). Models and Meta-Analysis of the Relatioship between Family Variables and Juvenile Conduct Problems and Delinquency. In N. Morris & M. Tonry (Ed.), *Crime and Justice: An Annual Review of Research.* Chicago: University of Chicago Press.

Lopes, A. (1897). *Estudo Estatistico da Criminalidade em Portugal nos Annos de 1891 a 1895.* Lisboa: Imprensa Nacional.

Lourenço, N. & Lisboa, M. (1998). *Dez Anos de Crime em Portugal Análise longitudinal da criminalidade participada às polícias (1984-1993).* Lisboa: Centro de Estudos Judiciários.

Maguire, K. & Flanagan, T. (1990). *Sourcebook of Criminal Justice Statistic. The Hindelang Criminal Justice Research Center.* U.S. Department of Justice.

Maillard, J. (1997). *L'avenir du crime.* Paris: Flammarion.

Malheiros, J. (1996). *Imigrantes na Região de Lisboa Os Anos da Mudança.* Lisboa: Colibri.

Mannheim, H. (1984). *Criminologia Comparada.* (2 vol.). Lisboa: Fundação Caluste Gulbenkian.

Marchetti, M. (1997). *Pauvretés en prison.* Ramonville Saint-Agne: Erès.

Marshall, I. (1997). *Minorities, Migrants, and Crime: Diversity and Similarity Across Europe and the United States.* London: Sage Publications.

Matza, D. (1969). *Becoming deviant.* New Jersey: Prentice Hall.

_____ (1995). *Delinquency & Drift.* (3º ed.). New Jersey: John Wiley & Sons.

114   *Reclusos Estrangeiros: um estudo exploratório*

_____ (1996). Poverty and Disrepute. In R. Merton & R. Nisbet (Ed.), *Contemporary Social Problems* (2.ª ed.). New York: Harcourt, Brace & World, Inc.

McClintock, F. (1970). The Dark Figure. *Collected Studies in Criminological Research*, vol. 4.

Mednick, S., Moffitt, T. & Stack, S. (Ed.). (1987). *The Causes of Crime: New Biological Approaches*. New York: Cambridge University Press.

Merton, R. (1968). *Social Theory and Social Structure*. New York: The Free Press.

Merton, R. & Nisbet, R. (Ed.). (1966). *Contemporary Social Problems* (2.ª ed.). New York: Harcourt, Brace & World, Inc.

Ministério da Justiça. Gabinete de Estudos e Planeamento (1984). *Estatísticas da Justiça. Estatísticas Oficiais*. Lisboa: Autor.

_____ (1985). *Estatísticas da Justiça. Estatísticas Oficiais*. Lisboa: Autor.

_____ (1986). *Estatísticas da Justiça. Estatísticas Oficiais*. Lisboa: Autor.

_____ (1987). *Estatísticas da Justiça. Estatísticas Oficiais*. Lisboa: Autor.

_____ (1988). *Estatísticas da Justiça. Estatísticas Oficiais*. Lisboa: Autor.

_____ (1989). *Estatísticas da Justiça. Estatísticas Oficiais*. Lisboa: Autor.

_____ (1990). *Estatísticas da Justiça. Estatísticas Oficiais*. Lisboa: Autor.

_____ (1991). *Estatísticas da Justiça. Estatísticas Oficiais*. Lisboa: Autor.

_____ (1992). *Estatísticas da Justiça. Estatísticas Oficiais*. Lisboa: Autor.

_____ (1993). *Estatísticas da Justiça. Estatísticas Oficiais*. Lisboa: Autor.

_____ (1994). *Estatísticas da Justiça. Estatísticas Oficiais*. Lisboa: Autor.

_____ (1995). *Estatísticas da Justiça. Estatísticas Oficiais*. Lisboa: Autor.

_____ (1996). *Estatísticas da Justiça. Estatísticas Oficiais*. Lisboa: Autor.

_____ (1997). *Estatísticas da Justiça. Estatísticas Oficiais*. Lisboa: Autor.

_____ (1998). *Estatísticas da Justiça. Estatísticas Oficiais*. Lisboa: Autor.

Ministério da Justiça. Gabinete de Estudos e Planeamento (1994). *Estatísticas da Justiça. Estatísticas criminais*. Lisboa: Autor.

_____ (1995). *Estatísticas da Justiça. Estatísticas criminais*. Lisboa: Autor.

_____ (1996). *Estatísticas da Justiça. Estatísticas criminais*. Lisboa: Autor.

_____ (1997). *Estatísticas da Justiça. Estatísticas criminais*. Lisboa: Autor.

_____ (1998). *Estatísticas da Justiça. Estatísticas criminais*. Lisboa: Autor.

Moreira, S. (1994). *Vidas encarceradas: Estudo sociológico de uma prisão masculina*, Lisboa: Centro de Estudos Judiciários.

Moreno, B. (2000). Manifestações de Exclusão e de Marginalidade Social no Portugal Quatrocentista. In *A Pobreza e a Marginalização Social do Séc. XV aos Nossos Dias*. Porto: Universidade Portucalense.

Morgan, R. (1997). Imprisonment: Current Concerns and a Brief History since 1945. In M. Maguire, R. Morgan & R. Reiner (Ed.), *The Oxford Handbook of Criminology* (2.ª ed.). Oxford: Oxford University Press.

Morris, N. & Tonry, M. (Ed.). (1986). *Crime and Justice: An Annual Review of Research*. Chicago: University of Chicago Press.

Mucchielli, A. (1991)., *Les Méthodes qualitatives*. Paris: PUF.

_____ (1996). *Dictionnaire des méthodes qualitatives en sciences humaines et sociales*. Paris: Armand Colin/ Masson.

Murteira, M. (1966). *Emigração e Política de Emprego em Portugal.* Lisboa: Ministério das Corporações e Previdência Social.

Naffine, N. (1987). *Female Crime: The Construction of Women in Criminology.* Wichester, Mass.: Allen & Unwin.

Nettler, G. (1984). *Explaining Crime.* New York: McGraw-Hill.

____ (1989), *Criminology Lessons,* Cincinnati, Ohio: Anderson.

Nogueira, A. (1969). A Emigração portuguesa- demissão ou tomada de consciência. In *Economia e Sociologia,* 6.

Nye, F. (1958). *Family Relationships and Delinquent Behaviour.* New York: J. Wiley.

Park, R. (1950). *Race and Culture.* London: Collier- Macmillan.

Pease, K. (Ed.). (1996). *Uses of Criminal Statistics.*Brookfield, Ver.: Ashgate Publishing Company.

Persons, S. (1987). *Ethnic Studies at Chicago: 1950- 45.* Urbana: University of Illinois Press.

Pica, G. (1993). *La Criminologie.* (3° ed.) Paris: PUF.

Pillet, N. (1903). *Principes de droit international privé.* Paris.

Pinatel, J. (1960). *La criminology.* Paris: Les Éditions Ouvrières.

____ (1975). *Traité de Droit Pénal et de Criminologie.* Vol. III: Criminologie. Paris: Dalloz.

Polsky, N. (1967). *Hustlers, Beats and Others.* Chicago, Ill.: Aldine.

Ponti, G. (1990). *Compendio di criminologia.* Milano: Cortina.

Popper, K. (1956). *Realism and the Aim of Science.* London: Hutchinson, Co.

____ (1978). *Lógica das Ciências Sociais.* Brasília: Editora Universidade de Brasília.

Portes, A. (1995). *The Economic Sociology of Immigration.* New York: Russel Sage Fundation.

____ (Ed.). (1996). *The New Second Generation.* New York: Russell Sage Foundation.

____ (1999). *Migrações Internacionais.* Oeiras: Celta.

Portes, A. & Min Zhou (1993). The New Second Generation Segmented Assimilation and its Variants. *The Annals of the American Academy of Political and Social Sciences,* 530.

Pound, R.(1943). *Social Control Through Law.* New Haven, CT: Yale University Press.

Quinney, R. (1970). *The Social Reality of Crime.* Boston: Little Brown.

Quinney, R. & Wildeman, J. (1977). *The Problem of crime: a critical introduction to criminology.* New York: Harper & Row.

Radzinowicz, L. & King, J. (1977). *The Growth of Crime: The International Experience.* New York: Basic Books.

Raufer, X. (Ed.). (1998). *Dictionnaire techique et critique des nouvelles menaces.* Paris: PUF.

Raufer, X. & Quére, S. (2000). *Le crime organisé.* Paris: PUF.

Reckless, W. (1933). *Vice in Chicago.* Chicago, Ill.: University of Chicago Press.

____ (1940). *Criminal Behavior.* New York: McGraw-Hill Book Co.

____ (1943). *The Etiology of Delinquent and Criminal Behavior.* New York: McGraw-Hill Book Co.

____ (1961). *The Crime Problem* (3.ª ed.). New York: Appleton-Century-Crofts.

116 *Reclusos Estrangeiros: um estudo exploratório*

Reckless, W. & Smith, M. (1931). *Juvenile Delinquency*. New York: McGraw-Hill Book Co.

Reiman, J. (1995). *The Rich Get Richer and the Poor Get Prison* (4.ª ed.). New York: Macmillan.

Renzetti, C. & Lee, R. (Ed.). (1993). *Researching Sensitive Topics*. Newbury Park, CA: Sage.

Rice, R. (1956). *The Business of Crime*. London: Victor Gollancz.

Robert, P. (1977). Les statistiques criminalles et la recherche: Réflexions conceptuelles. *Deviance et Societé*, 1 (1).

Robinson, J. (2000).*The Merger The Conglomeration of International Organized Crime*. New York: The Overlook Press.

Rocha, M. (1997). Co-autoria, agravação do tráfico, medida da pena, perda de coisas ou direitos, colaboração, correio de droga. In *Droga Decisões de Tribunais de 1.ª Instância (1994)*, Lisboa: Gabinete de Planeamento e de Coordenação do Combate à Droga.

Rocha-Trindade, M. (Ed.). (1993). *Recent Migration Trends in Europe*. Lisboa: Universidade Aberta.

Rosenbaum, (1991). Female crime and delinquency. In S. Brown, F. Esbensen & G. Geis (Ed.), *Criminology: Explaining crime and its context* (2.ª ed.). Cincinnati Ohio: Anderson Pub.

Ruggiero, V., South, N. & Taylor, I. (Ed.). (1998). *The New European Criminology*. London: Routledge.

Saco, V. & Kennedy, L. (1996). *The Criminal Event*. Belmont, CA: Wadsworth.

Saint-Maurice, A. (1997). *Identidades Reconstruidas Cabo-Verdianos em Portugal*. Oeiras: Celta.

Sampson, R. & Laub, J. (1995). *Crime in the Making Pathways and Turning Points Through Life* (2.ª ed.). Harvard: Harvard University Press.

Savitz, L. (1960). *Delinquency and Migration*. Philadelphia: University of Pensilvania.

Sellin, T. (1938). *Culture Conflict and Crime*. New York: Social Science Research Council.

_____ (1940). *The Criminality of Youth*. Philadelphia: The American Law Institute.

Selltiz, C. et al. (1967). *Métodos de pesquisa nas relações sociais*. São Paulo: Herder.

Serviço de Estrangeiros e Fronteiras (1998). *Relatório Estatístico*. Lisboa: Autor.

Shaw, C. (1931). *The Natural History of a Delinquent Career*. Chicago: The University of Chicago Press.

_____ (1938). *Brothers in Crime*. Chicago: The University of Chicago Press.

_____ (1966). *The Jack- Roller A Delinquent Boy's Own Story*. (2.ª ed.). Chicago: The University of Chicago Press.

Sheldon, W., Hartl, E. & McDermott, E. (1949). *The Varieties of Delinquent Youth*. New York: Harper & Brothers.

Shelley, L. (1981). *Readings in Comparative Criminology*. Carbondale: Southern Illiois University Press.

Shoham, S. & Seis, M. (1993). *A Primer in the Psychology of Crime*. New York: Harrow and Heston.

Siegel, L. (2000). *Criminology* (7.ª ed.). Belmont, C. A.: Wadsworth.

Silberman, C. (1979). *Criminal Violence, Criminal Justice.* New York: Random House.
Silverman, R., Teevan, J. & Sacco, V. (1991). *Crime in Canadian Society.* Toronto: Butterworths.
Simon, L. (1994). The Victim-Offender Relationship. In T. Hirschi & M. Gottfredson (Ed.), *The Generality of Deviance.* New Brunswick, NJ: Transaction.
Simon, R. (1975). *Women and Crime.* Lexington, Mass: Lexinton Books.
_____ (1990), Women and Crime Revisited. *Criminal Justice Research Bulletin* 5 (5): 1-8.
Simon, R. & Eitzen, D. (Ed.). (1990). *Elite Deviance.* Boston: Allyn and Bacon.
Skogan, W. (1980). Dimensions of the Dark Figure of Unreported Crime. In D. Kelly (Ed.), *Criminal Behavior Readings in Criminology.* New York: St. Martin's Press.
Skolnick, J. & Currie, E. (Ed.). (1988). *Crisis in American Institucions.* Boston: Little Brown.
Snodgrass, J. (1982). *The Jack- Roller at Seventy.* Lexington, Mass.: Lexington Books.
Sowell, T. (1983). *The Economics and Politics of Race.* New York: William Morrow.
Strauss, A. (1987). *Qualitative Analysis for Social Scientists.* New York: Cambridge University Press.
Sutherland, E. (1937). *The Professional Thief by a professional thief.* Chicago: The University of Chicago Press.
Sutherland, E. & Cressey, D. (1978). *Principles of Criminology* (10.ª ed.). Philadelphia: J. B. Lippincott.
Sykes, G. (1958). *The Society of Captives: A Study of Maximum Security Prison.* Princeton, NJ: Princeton University Press.
_____ (1978). *Criminology.* New York: Harcourt, Brace, Jovanovich.
Szabo, D. (1973). Criminologie comparée: signification et tâches. In *Annales internacionales de criminologie*, 12 (1-2).
_____ (1986). *Science et Crime.* Montréal: Bellarmin.
Szabo, D. & LeBlanc, M. (1995). *Traité de Criminologie Empirique.* Montréal: Les Presses Universitaires de Montréal.
Tannenbaum, F. (1938). *Crime and The Community.* Boston: Ginn and Co.
Tashakkori, A. & Teddlie, C. (1998). *Mixed Methodology Combining Qualitative and Quantitative Approaches.* California: Sage Publications.
Thomas, W. & Znaniecki, F. (1929). *The Polish Peasant in Europe and America.* (2.ª ed.). New York: Knopf. (2 vol.).
Toch, H. (1977). *Living in Prison the Ecology of Survival.* New York: Free Press.
Toharia, J. (1999). La Imagen de la Administracion de Justicia en la Sociedad Española Actual: Rasgos Principales. *Cuadernos de Derecho Judicial*, 9 (1998).
Tonry, M. (1997). *Ethnicity, Crime, and Immigration.* Chicago: The University of Chicago Press.
Tonry, M., Ohlin, L. & Farrington, D. (1991). Human *Development and Criminal Behavior.* New York: Springer-Verlag.
Tournier, P.(1997). Nationality, Crime, and Criminal Justice in France. In M. Tonry (Ed.). *Ethnicity, Crime, and Immigration.* Chicago: The University of Chicago Press.
_____ (1999). *Statistiques Pénales Annuelles du Conseil de l'Europe, Enquête 1997.* Strasbourg: Conseil de L' Europe

118 *Reclusos Estrangeiros: um estudo exploratório*

Tournier, P., Robert, P., Leconte, B. & Couton, P.-J. (1989). *Les étrangers dans les statistiques pénales- constituicion d'un corpus et analyse critique des données*. Paris: CESDIP.

Tracy, P. (1987). Race and Class Differences in Official and Self-Reported Delinquency. in M. Wolfgang (Ed.), *From Boy to Man, From Delinquency to Crime*, Chicago: University of Chicago Press.

Trindade, M. (1966). L'imigration portugaise. *Hommes et Migrations*, 105.

———— (1973). *Immigrés Portugais*. Lisboa: Instituto Superior de Ciências Sociais e Política Ultramarina.

Turk, A. (1969). *Criminality and the Legal Order*. Chicago: Rand McNally.

———— (1972). *Legal Sanctioning and Social Control*. Washington: Government Printing Office.

Vaksberg, A. (1991). *The Soviet Mafia*. London: Weidenfeld.

Vaz, M. (1998). *Crime e Sociedade: Portugal na Segunda Metade do Século XIX*. Oeiras: Celta.

Vilela, A. (2000). *Considerações Acerca da Presunção de Inocência em Direito Processual Penal*. Coimbra: Almedina.

Villela, A. (1921). *Tratado Elementar de Direito International Privado* Livro I. Coimbra: Coimbra Editora.

Vold, G. (1958). *Theoretical Criminology*. New York: Oxford University Press.

Vold, G., Bernard, T. & Snipes, J.(1998). *Theoretical Criminology* (4.ª ed.). New York: Oxford University Press.

Von Hentig, H. (1947). *Crime, causes and conditions*. New York: McGraw-Hill.

———— (1948). *The Criminal and His Victim*. New Haven, Conn.: Yale University Press.

Walklate, S. (1998). *Understanding Criminology. Current theoretical debates*. Buckingham, Ph.: Open University Press.

Wallis, C. & Maliphant, R. (1967). Delinquent Areas in the County of London: Ecological Factors. *The British Journal of Criminology*, (7-3).

Walmsley, R. (1997). Prison Populations in Europe and North America: Some Background Information. *Heuni Paper* (10).

Wayne, A., Cornelius, P. & Hollifield, J. (Ed.) (1994). *Controlling Immigration: a Global Perspective*. Stanford: Stanford University Press.

Wilbanks, W. (1987). *The Myth of a Racist Criminal Justice System*. Monterey, Calif.: Brooks/ Cole.

Williams, P. (Ed.). (1997). Illegal Immigration and Commercial Sex The New Slave Trade. *Transnational Organized Crime* (3) 4.

Winer, J. (1997). Alien Smuggling: Elements of the Problem and the U.S. Response. *Transnational Organized Crime*, (3) 1.

Winterdyk, J. (2000). *Canadian Criminology*. Ontario: Prentice-Hall.

Wolfgang, M. & Ferracuti, F. (1967). *The Subculture of Violence Towards an Itegrated Theory in Criminology*. London: Tavistock Publications.

Zeidensteis, G. (1999). "population policy". In A. Kuper & J. Kuper (Ed.), *The Social Science Encyclopedia* (2.ª ed.). London: Routledge.

ÍNDICE

PREFÁCIO	5
NOTA PRÉVIA	9
SUMÁRIO	11
APRESENTAÇÃO	13
AGRADECIMENTOS	15
RELAÇÃO DOS QUADROS E GRÁFICOS	17

PARTE I – **ENQUADRAMENTO**

1. Conceito de estrangeiro (breve excurso histórico)	21
2. Estrangeiros em Portugal	22
3. Expulsões de cidadãos estrangeiros	29
4. Estrangeiros e delinquência	31
5. Estrangeiros que tipo de delinquência	44
6. Justificação do estudo exploratório	48
6.1. Em geral	48
6.2. Em particular	52

PARTE II – **METODOLOGIA**

1. Opção Metodológica	57
2. Tipo de Pesquisa	58
3. Descrição do Estudo	58
4. Amostra	60

PARTE III – **ANÁLISE DE DADOS**

1. Breve descrição das populações recluídas nos Estabelecimentos Prisionais	65
1.1. População reclusa no EP Funchal	65
1.2. População reclusa no EP Vale de Judeus	68
1.3. População reclusa no EP Tires	70

Reclusos Estrangeiros: um estudo exploratório

2. Análise da informação recolhida nos questionários 72
  2.1. População estrangeira feminina reclusa no EP do Funchal.......... 74
  2.2. População estrangeira masculina reclusa no EP do Funchal........ 76
  2.3. População estrangeira reclusa no EP de Vale de Judeus.............. 80
  2.4. População estrangeira reclusa no EP de Tires............................ 84
  2.5. Síntese.. 87
    2.5.1. Reclusos estrangeiros oriundos de países africanos de expressão portuguesa.. 89
    2.5.2. Reclusos estrangeiros não oriundos de países africanos de expressão portuguesa.. 90

PARTE IV – **CONCLUSÕES**

1. A destacar do enquadramento geral.. 96
2. A destacar do estudo empírico.. 100

BIBLIOGRAFIA 107

ÍNDICE.. 119